"京津冀无形资产与科技创新智库联盟"文库

知识产权质押融资系列丛书 鲍新中/主编

知识产权质押融资

价值评估

ZHISHICHANQUAN ZHIYA RONGZI JIAZHI PINGGU

鲍新中 徐鲲◎著

知识产权出版社

全国百佳图书出版单位

—北京—

图书在版编目（CIP）数据

知识产权质押融资：价值评估／鲍新中，徐鲲著． — 北京：知识产权出版社，2020.9
（知识产权质押融资系列丛书）
ISBN 978 - 7 - 5130 - 7145 - 1

Ⅰ．①知…　Ⅱ．①鲍…②徐…　Ⅲ．①知识产权—抵押—融资模式—研究—中国
Ⅳ．①D923.404 ②F830.45

中国版本图书馆 CIP 数据核字（2020）第 163085 号

内容简介

在企业知识产权运营过程中，知识产权的价值评估是一个关键的问题。首先，本书从市场基准和非市场基准两个视角，对国内外知识产权价值评估相关研究和实践进行了归纳总结，并以此为基础进行了相关的实证研究；其次，本书就知识产权价值评估中的风险问题、难点问题进行了分析，从理论和实践视角全方位地为知识产权价值评估提供借鉴及参考。

本书适合研究知识产权的有关人员、金融机构相关人员、科技型企业相关人员、知识产权领域从业人员，以及感兴趣的读者阅读、参考。

责任编辑：荆成恭		**责任校对**：王　岩	
封面设计：刘　伟		**责任印制**：孙婷婷	

知识产权质押融资：价值评估

鲍新中　徐鲲　著

出版发行：**知识产权出版社** 有限责任公司	网　　址：http://www.ipph.cn
社　　址：北京市海淀区气象路 50 号院	邮　　编：100081
责编电话：010 - 82000860 转 8341	责编邮箱：jcggxj219@163.com
发行电话：010 - 82000860 转 8101/8102	发行传真：010 - 82000893/82005070/82000270
印　　刷：北京建宏印刷有限公司	经　　销：各大网上书店、新华书店及相关专业书店
开　　本：720mm×1000mm　1/16	印　　张：13
版　　次：2020 年 9 月第 1 版	印　　次：2020 年 9 月第 1 次印刷
字　　数：200 千字	定　　价：69.00 元

ISBN 978 - 7 - 5130 - 7145 - 1

总　序

　　社会学家把人生概括为功利人生、求道人生和游戏人生三种。作为一位科研工作者，我们所做的研究工作，也可能会经历同样的这三个过程，即功利科研、求道科研和游戏科研。

　　功利科研，追求的是成就之美，或者说是功成名就。对于科研工作者来说，功成名就，追求的可能是职称、金钱、地位、名誉，但也未必一定是狭隘的个人主义，也可以是经世济民，造福于社会，所谓"大丈夫处世兮立功名，立功名兮慰平生"。年轻时做科研，大都会受到外部压力和内部功利心的驱使。这里并无鄙视功利之意，在这个世界上不可以没有功利，功利价值与一种健全的社会机制的结合，会使每个人在获取私利的同时，为他人造福。在某种程度上功利是推动经济发展的原动力，西方经济学中的微观经济学就是利用人们的逐利与追求利润最大化的动机，采用价格这无形的手来优化资源配置而发展经济的。

　　求道科研，追求的是科学之美。科研工作者投身和参与到自身所认为的科学之道和生命之道中，去体验、实践、求索并致力于弘扬那个"大道"。这是一种为了科学探求真理、探索真知的研究。科学家们的研究，大都是这个层面的研究，他们引领科学技术发展、推动社会文明进步。希望50岁后的科研工作者，都能为了求道而研究，这样，做起来更有动力、更有乐趣、更有意义。

　　游戏科研，追求的是生活之美。科研工作者为自己投身的科学研究本身所陶醉。正如钱理群先生所言，"学术本身就构成了生命中自足的存在，不需要从学术之外寻找乐趣、意义和价值"。如果你不能从学术研究中感受到快乐，说明选择做科研可能不是最佳的工作选择。"学术研究，不过是一批痴迷于学术的人进行的精神劳动。"如果真是这样，学术成为科研工作者生活中的重要组成部分，也成为生活快乐的源泉。游戏科研，不分年龄，从研究生到教授、到院士和科学家，都可能达到，他们从思想的自由驰骋与学术的苦心探讨中找到兴趣、感受快乐，获得生命的意义与价值。希望所有的科研工作者都可以达到游戏科研的境界。

北京联合大学创新企业财务管理研究中心多年来秉承"快乐学术、悦享生活"的科研工作理念，致力于创建轻松、愉悦的科研氛围，将学术融入生活，在科研工作中也一样寻求到生活的快乐。经过多年的努力，已经在知识产权质押融资、供应链融资、低碳与环境会计、PPP融资与风险管理等方面形成了稳定的研究方向，取得了一定的研究成果。此次将把知识产权质押融资领域多年的研究成果以系列专著的形式推出，以更好地与国内外学者、金融机构、科技中介机构、科技型企业的相关人员进行沟通和交流。即将陆续出版知识产权质押融资系列丛书，分别是《知识产权质押融资：运营机制》《知识产权质押融资：风险管理》《知识产权质押融资：价值评估》《知识产权质押融资：信任机制》《知识产权质押融资：法律规制》。

知识产权质押融资是科技和金融融合的产物，为科技型中小企业提供了获得成长和发展资金的新渠道。近几年，我国从中央到地方陆续颁布了一系列的激励政策和措施以推进知识产权质押融资业务的推广，但实际发展的状况并不乐观，银行、担保机构等对知识产权质押融资业务持谨慎态度，这种政府热情高涨而参与主体积极性不高的反差现象有很多原因，包括知识产权价值评估问题、风险管理问题、合作模式问题、法律规制问题等，这些问题需要实践中的探索，也需要理论上的研究。本套丛书就是致力于对阻碍知识产权质押融资业务发展的关键问题展开理论研究和实践研究探索，力争补充、丰富和完善国内外关于知识产权融资风险问题的理论研究成果，并为政府相关部门、金融机构、企业和中介机构决策提供指导思路。

2018 年 8 月 8 日

前　言

随着全球社会经济的发展，科学技术在各国的竞争中起着越来越大的作用。专利作为科学技术发展的一种基本表现形式，越来越多地成为一个国家、一个企业创造核心竞争力、占领市场和获得经济利益的重要手段，在各行各业中也发挥着越来越重要的作用。从企业层面来看，获得专利权后，企业可以通过专利自行实施专利许可和转让、专利质押融资来获得超额的收益，也可以通过专利来限制竞争对手的发展。在企业知识产权运营过程中，知识产权的价值评估是一个关键的问题，从而学者以及业界专家都对知识产权价值评估的方法、程序、规则等展开了研究和实践。

知识产权作为一项无形资产，在价值评估方面的难度要明显高于有形资产。我国一直以来就非常重视无形资产的价值评估问题。2001 年 9 月 1日，中国注册会计师协会颁布并开始执行《资产评估准则——无形资产》。2008 年 11 月，修订了《资产评估准则——无形资产》，并发布了《专利资产评估指导意见》。2017 年 10 月 1 日，又重新修订并发布了《资产评估执业准则——无形资产》和《专利资产评估指导意见》（以下分别简称《准则》和《指导意见》）。该《准则》和《指导意见》对专利资产价值评估的原则、操作要求、评估方法、评估程序等做了详细的指导和规范，为专利价值评估的相关理论研究和实践操作提供了准绳。《准则》的制定非常规范，各项要求也很明确，但是，在实际执行过程中，由于市场环境、方法局限、专利特征等多方面的原因，不管是理论研究还是实务操作方面，专利价值的评估一直以来都是一个较大的难题。

按照《准则》第二十一条规定："确定无形价值的评估方法包括市场法、收益法和成本法三种基本方法及其衍生方法。执行无形资产评估业务，资产评估专业人员应当根据评估目的、评估对象、价值类型、资料收集等情况，分析上述三种基本方法的适用性，选择评估方法。"结合《指导意见》可以看到，专利价值评估的方法包括三种基本方法及其衍生方法，这些方法都是以市场为基准的价值评估方法。学者以及资产评估业界的专家对知识产权价值评估的方法也进行了大量的理论研究和实际应用，除了市场基准的知识产权价值评估方法外，也提出了一些非市场基准的知识产权价值评估方法，包括模糊综合评价法、计量经济模型方法、机器学习与仿真模拟法。在本书中，将知识产权价值评估方法分为市场基准的评估方法和非市场基准的评估方法两大类，并以此为基础展开相关的实证研究。最后对知识产权价值评估中的风险问题进行了分析。

在知识产权质押融资业务开展过程中，价值评估也是银行、科技型企业等参与各方普遍关注的关键问题。希望借助本书能够为知识产权质押融资业务，以及其他知识产权运营业务的开展提供理论支持和实践指导。本书适合与知识产权有关的研究人员、金融机构相关人员、科技型企业相关人员、知识产权领域从业人员，以及感兴趣的读者阅读、参考。

本书的完成得益于作者多年来对科技金融服务于企业发展的关注以及对科研工作的热爱。全书由北京联合大学鲍新中教授、徐鲲教授、田雪姣博士共同完成。作者在写作过程中参阅了国内外同行、有关专家的许多研究成果，在此对同行、有关专家表示感谢。同时，北京联合大学的学生张楠、谢文静、王屹、王晨铭、吴航等也参与了很多的工作，能够与团队成员进行长期的愉快合作，能够陪伴学生的学习成长，对我个人来说都是非常快乐的事情，也是生活中非常重要的事情。希望大家一直保持对科学研究和工作、生活的热爱，祝愿大家快乐每一天。

2020 年 7 月

目　录

第一部分

知识产权价值评估现状

第1章 知识产权价值评估概述

1.1 知识产权的特征及重要性

1.1.1 知识产权的特征

知识产权区别于传统实物资产，主要是因为其是在实践过程中人类创造的智力劳动成果并依法享有其专有权利的产物，是一种没有具体承载形态的无形资产。知识产权涉及范围较广泛，多样化的智力创造如发明、文学和艺术作品，以及在商业中使用的标志、名称、图像、外观设计等，都可以被认为是个人或组织所拥有的知识产权。专利作为知识产权的重要表现形式，最早出现在六个世纪以前的英国王室，当时有一种将透明无色普通玻璃加工处理成有颜色的特殊材料，采用这种特殊材料可以获得多彩的颜色，使人们的生活变得更加绚丽多姿。随着这一专利应用所产生的影响越来越深远，英国王室对专利的发展开始重视起来，并逐渐引起了其他国家的注意。

知识产权的主要特征如下所述。

①知识产权的非物质性：知识产权是区别于实物资产的无形资产，并没有实物作为载体。②知识产权的双重性：知识产权并不仅仅是单一知识产权占有权、使用权和处分权的财产权，还有与权利主体人不可分割的人身权。③知识产权的专有性：对于已获得法律保护的知识产权在规定时限内，不得随意擅自使用，应经知识产权所有者同意并许可，否则就会构成侵权行为，需要承担相应的法律后果。④知识产权的地域性：知识产权在

各个国家或地区有着不同的法律规定，只有经过规范途径申请获得批准后，才能享有在该国或该地区对此项知识产权的保护，知识产权拥有者如果想在非本地区的其他国家或地区获得相应的知识产权保护，就需要依据知识产权申请所在国与其他国家签订的相互保护知识产权的条约或者两国间采取的对等保护原则获得保护，或者按照其他国家的法律规定重新办理手续后取得知识产权。⑤知识产权的时效性：知识产权并不是在申请成功获得授权后就一劳永逸，知识产权可以参与市场活动的前提是知识产权是有效的，获得知识产权专有证书并不表明知识产权最终所有权一直是持有人的，可能会因为知识产权本身的特殊性质或其他因素使知识产权无效，并且只有在知识产权寿命期内进行缴费维护，才能维持知识产权的有效性，在超出知识产权法定年限或提前终止权利后的时间内将不再享受法律保护。⑥知识产权的可转让性：知识产权不是从发明就只能属于发明人所有的，是可以在与知识产权持有者签订合同并到原知识产权登记机构登记和公告后才生效，完成知识产权权利由原权利持有人转交给购买者。

专利是知识产权的重要载体，通常所说专利除了是一种技术或实物的代名词外，也是一种专有权利。世界范围内所认可的专利权指发明人向权威专利管理组织或机构提出申请后，获得批准后的所有权。这种权利并不是无时限的，是在法律承认时限内的所有。不同国家对专利权有着不同的法律规定，因而对专利权的定义和分类也不尽相同。我国现行对专利权的划分有发明创造、实用新型和外观设计三种不同形式。这三种不同形式对应不同的专利：发明创造是针对某行业领域所独立研发创造的新技术；实用新型是在现有专利基础上改良创新；外观设计是对实物外观、形状、结构等方面进行改进创新。由此可以看出，发明创造和实用新型是从技术层面的创新，而外观设计则是对实物外观的改造，并不涉及技术层面。虽然发明创造和实用新型都是从技术层面创新，但发明创造是从无到有，技术含量要高于实用新型的在现有基础上的改进创新。

1.1.2 知识产权在经济发展中的重要性

21世纪以来，全球经济已从工业经济时代逐渐迈向知识经济时代，知识资本因其独有的创新性、垄断性、杠杆效应，以及可持续性等诸多优势而逐渐成为企业获取竞争优势的主要来源。知识产权作为非常重要的一项知识资本，对提高国家竞争力起着很大作用，因此一些国家将知识产权战略列为国家的长期发展战略。例如，美国作为知识产权大国，其知识产权战略早已成为政府和企业的统一发展战略，自1980年世界闻名的《拜杜法案》以来，美国陆续出台《联邦技术转移法》《技术转让商业化法》《美国发明家保护法令》《技术转移商业化法案》等诸多相关法律政策，强化知识产权保护机制，简化知识产权等科技成果转化运用程序。此外美国在国际贸易中通过"特殊301条款"对国际竞争对手予以打压，与此同时又积极推动世贸组织知识产权协议的达成，从而形成了一套有利于美国的贸易规则，美国对知识产权的重视和保护可谓"无微不至"。随着全球对知识产权发展重视程度的提升，我国在知识产权保护、知识产权与经济融合发展方面也取得不少成绩。从科教兴国战略，到建设创新型国家，再到创新驱动发展战略的全面实施，中国一直在坚定不移地探索适合中国国情的自主创新道路，向建成世界科技强国之路迈进。在研发投入持续增加的同时，我国不断进行科技体制改革，强化知识产权保护和运用，促进科技成果转化。在投入方面，2019年我国全社会研发支出已达2.17万亿元，占GDP比重为2.19%；在产出方面，自2008年颁布实施《国家知识产权战略纲要》以来，知识产权数量增长迅速。其中专利产出成果颇为丰硕。据国家知识产权局统计数据显示，国内（不含香港、澳门和台湾）有效发明专利拥有量已从2007年的8.4万件增长到2019年的186.2万件，此外据世界知识产权组织（WIPO）披露数据显示，2019我国国际专利的申请数量达到58990件，首次超越美国，成为世界第一，可以说我国已成为名副其实的"专利大国"。尽管我国知识产权数量在世界范围内已经具有一定优势，但在知识产权质量、知识产权应用以及知识产权保护等方面仍存在一些问题，与西方发达国家有一定差距，这些差距制约着我国建成世界科技强国之路的发展。其中，知识产权价值评估难是造成我国知识产权应用效果不够理想的重要原因之一。

1.2　知识产权的价值属性及其评估特点

1.2.1　知识产权的价值属性

知识经济时代，知识产权作为科技创新产出的重要载体，已经成为世界经济竞争的主要争夺资源，就知识产权价值属性而言，目前主要从自然属性和社会属性进行讨论。从自然属性讨论知识产权价值有两种角度：第一种是企业的研发可依据现行知识产权的转移，在经过加工后形成最终具有价值的商品，此时商品价值的体现与知识产权价值的体现是一致的；第二种是知识产权的数量可以代表企业在市场上的竞争力，是企业发展的动力。无数成功的企业都是基于独立研发的知识产权技术，使企业不断创新发展，在市场中立于不败地位。

知识产权价值的社会属性主要是从溢出价值角度考虑。随着知识产权价值的不断提高，人们对知识产权价值也有了更深层次理解。知识产权价值的自然属性驱使知识产权发明人加大研发力度，而知识产权的社会属性则从外部对整体研发做出强力推动。在企业资产转让、债务重组或企业并购等产权或者经营权变动活动中，都会涉及知识产权的变动，企业可以通过知识产权压制竞争对手发展或获得超额收益，如知识产权自行实施、知识产权许可和转让、知识产权质押融资等。知识产权价值实际上就是通过对知识产权的使用、对原有技术或商品的创新改进下，为企业获得超额收益或降低成本，这就是知识产权价值的体现。按照企业获得知识产权价值的明显度，知识产权价值又可分为实际价值与虚拟价值。

知识产权的实际价值主要有两种表现形式：①通过采用知识产权使企业有真实现金流入或市场份额加大；②采用知识产权使成本降低，或者提升商品真实收益。知识产权的虚拟价值是没有实际现金流入的，主要有以下三种表现形式：①虽然知识产权的使用并没有直接收益，但是可以形成潜在的市场进入壁垒，增加其他企业进入市场的难度。②使用知识产权可以在现有基础上增加企业市场占有份额，提升企业竞争力，企业将会获得更多收益。不仅如此，还会产生更长远的影响，如产生价值后，企业会对有收益可能的知识产权技术进行保护，并投入更多资金进行研发其他有利的新知识产权，从而由单一的知识产权这一"点"，扩展成为知识产权网这一"面"，从点到面的转变，加固其技术进入壁垒，强效阻止其他企业在此技术领域的发展，加固自身企业的竞争力。③有可能某些知识产权并不能在短期内为企业提升其经济收益，也没有继续维持改进此项知识产权的必要性，但通过技术创新，可能为企业今后的发展扩大创造良好的发展平台。此时，企业都会选择维护具有前瞻性的知识产权，供企业以后可能出现的市场活动使用，最终加强企业竞争力，为企业未来发展提供更加适宜的环境。

1.2.2　知识产权价值评估的特点

知识产权作为不同于实物资产的无形资产的代表，与其他类无形资产也有本质上的不同，更具有特殊性，从而使在市场经济活动中进行知识产权评估时，与其他无形资产价值评估过程有不同点，这也能反衬出知识产权价值评估的特点。

①时效性与动态性。知识产权是有时效性的，因而在进行知识产权价值评估时，必须确保知识产权的有效性，即知识产权正处于有效期内、知识产权中止期前。这是由相关法律规定的，如果知识产权并不在法律保护时效内，则表明知识产权的失效，在此基础上对知识产权进行价值评估是不具有任何意义的。除此之外，如果在知识产权评估过程中不将知识产权在不同时期使用情况的细微影响因素加以考虑，最终评估得出的知识产权价值是与实际价值情况不相符的。此时，时效性使知识产权价值呈现动态变化趋势，因而知识产权又具有了动态性。

②专业性。知识产权是集合某领域最先进的技术发展来的，蕴含大量的专业知识，这就限定了对知识产权进行价值评估的评估者需要具备一定的专业知识技能，才能对评估的知识产权做出科学、合理、准确、权威的估价。

③依附性。知识产权并不是只依靠自身为企业创造价值的，必须依托

于实物资产才能获得收益。因而，如果知识产权不能够有效与实物资产相结合，就会阻碍技术为企业收获利益。在知识产权价值评估过程中，必须深入了解知识产权作用的前提条件。毕竟同样一项知识产权因为不同原因，采用不同的交易方式或交易活动类型的不同，甚至交易对象不同，都会对知识产权价值产生影响，从而与评估到的知识产权价值存在一定差异。

知识产权价值评估不是单纯的知识产权定价问题，还涉及法律、商业、技术等方面。知识产权的价值就需要综合与此项知识产权相关的多方面因素，对其进行全面评估。知识产权价值也作为判定知识产权经济价值的直观数据，对企业知识产权管理和企业宏观战略的制定具有以下三个方面的重要意义。

①有利于企业知识产权的管理和认识。虽然知识产权是近几年的"热点"，但众多企业管理者对知识产权了解并不充分，更不能以此为基础对制定企业战略产生影响。如果知识产权价值可以确定，则能够帮助企业管理者消除这些问题。知识产权的价值确定有助于企业明确其所拥有知识产权的重要程度，为知识产权管理和保护提供重要依据；有助于企业资产的核算，明确企业价值；能够为企业知识产权转移、质押融资等市场活动提供依据，促进知识产权资本化。

②有利于企业技术研发能力提升。自实施"创新驱动发展战略"以来，"创新"一词被广泛关注。技术创新被认为是企业竞争优势的主要来源，国内外很多学者的研究表明，企业的技术创新能力与企业绩效、企业的成长性等显著相关。中国正处在经济结构转型的关键时期，随着"双创"口号的提出，新创企业大量涌现，给原有企业造成一定的冲击，新生力量和传统力量的碰撞使市场处于一个非平稳状态，企业如果想在严峻的竞争中长久生存与发展，就不能故步自封，不能完全依赖于他人技术，要在技术等方面进行自主创新。知识产权价值评估不是一个简单的定价，而是需要基于对特定领域知识产权的大量调查与总结，知识产权价值评估工作的开展能够使企业明晰自身当前在技术研发方面的发展状况以及与竞争对手的差距。在上述基础上，企业能够在现有技术基础上发展创

新改进出更先进的新技术，使得企业拥有高技术含量的知识产权，在市场中占据先进地位。

③有利于企业进行更多价值创造。目前，我国知识产权体系尚未完善，许多企业对知识产权的理解不够深刻，因此只会关注将新技术运用到生产中，而忽视知识产权本身的价值——例如，企业可以将知识产权共享到其他企业，以获取知识产权使用费，拓宽资金来源或促进企业转型升级。知识产权价值评估的发展，能够提高企业对知识产权价值的认知，有利于企业在进行投资、合作、技术转移等多方面进行更多价值创造，获得更多的收益。

1.3　知识产权价值评估的发展及障碍因素

1.3.1　知识产权价值评估的发展

为了维护知识产权交易双方的合法权益，促进知识产权的公平交易，如何对其价值进行合理评估是亟待解决的基础性问题。知识产权价值评估不仅在知识产权交易过程中重要，而且在知识产权具体实施及日常运营过程中，知识产权价值评估也是至关重要的。

资产价值评估是一个历史悠久的行业，早在16世纪，资产评估就随着商品的交易而产生。而由于当时研究水平低下，使其价值评估出现偶然性、个别性的特点。随着社会的发展，价值评估开始具有预测性、公正性、市场性等特征，进而也使适用范围得到扩展。在知识经济时代背景下，知识产权也成了人们较为关注的一部分，如何对知识产权进行评估也就自然成了热点问题。

我国无形资产评估始于20世纪80年代末期，相较于国外起步较晚，理论研究也相对滞后，除此之外，知识产权自身的垄断性、地域性、非实体性和成本难量化等特点也使对知识产权进行价值评估存在一定难度。在过去几十年中，人们对知识产权价值不够重视，现实经济社会中涉及知识产权资产交易和评估较少。21世纪，我国成为世界贸易组织成员方之一，世界经济一体化新格局初现，伴随经济体制改革的深入，知识产权在资本运营的竞争市场中初露锋芒，推动世界各国企业发展。人们逐渐认清知识产权是在竞争市场中获取超额收益的重要资源，而作为流转基础的知识产权价值评估，更是人们所迫切需要的。随着经济社会飞速发展，我国知识产权数量呈现高速增长态势，知识产权交易数量也在不断提升，因而完善的知识产权价值评估体系需求日渐旺盛，知识产权价值评估方法的研究也变得日益重要。

随着知识产权在资本市场流通需求的增大，知识产权价值评估随之占据重要地位。知识产权自身所具备的财产性能够反映知识产权的价值。因为知识产权属于无形资产，价值与实物资产类似，但就难度而言则高了很多。知识产权与实物资产相比：①知识产权有较强的实用性，通过开发、交换等行为可以产生经济价值。②知识产权具有稀缺性，知识产权有法律上的保护，可以实现利益垄断。不同之处在于知识产权可以通过转让、许可、质押等多种形式完成转移，获得经济效益。

知识产权受法律保护，具有较强的法律属性，因而在现行经济市场活动交易中可以作为参考的交易案例数量少，且作为交易双方对知识产权交易的基础定价还是缺少相关的知识和经验。此时就需要知识产权价值评估为知识产权提供一个科学合理的参考价格，使交易双方在一个客观、公正、合法的基础上遵循合理的定价，完成知识产权交易，保障经济活动的顺利进行。

知识产权的产权价值，可以作为质押担保物为企业取得贷款，知识产权作为贷款的质押品，其价值的多少决定了质押担保能否成功。因此对知识产权质押融资进行资产评估、合理确定质押物价值，对知识产权市场合理规范化发展和拓宽银行贷款范围、发展更多业务等有重要的促进作用。我国相较于国外在无形资产方面起步较晚，美国会计准则早已在资产减值测试中规定需要对知识产权公允价值进行评估。由此可见，知识产权价值评估现已成为资产评估业务中的一个重要分支。

银行贷款业务作为一种增加银行经济收入的重要业务，在把关上非常严格，这体现在银行的放贷审批环节，放贷审批最重要的是对放贷抵押物的资产和风险评估。知识产权作为一种无形资产，由于变现能力低、风险性高，使这种业务在贷款中难以发展。尽管对知识产权关注度很高，但实际上并不能得到发展。知识产权之所以能作为质押担保物是因为其存在产权价值，价值的大小决定质押担保能否成功。由于《中华人民共和国担保法》的实行，我国对知识产权这个新兴市场的管理和利用更加规范。为最大价值地体现知识产权，不再单单是以以往的成本投入和市场参照作为评估标准，而是要求评估机构的评估师借助丰富的经验结合专业理论知识准确地评估抵押物的价值以及还款风险。这样，为知识产权提供有力保障也降低银行贷款风险。因此，关于知识产权质押融资的资产评估既有利于产权市场的合理规范化发展，也有助于拓宽银行的贷款范围，为发展更多业务提供机会。

前人的研究发现，计算知识产权内在价值通常使用成本法、收益法以及市场法进行估算，但在实际计算中往往由于市场等因素导致估算数据与实际数据差距较大，导致决策者不能做出有效的决定。

作为无形资产代表的知识产权，在当今新型产业中起重要支撑作用，几乎成为各个国家推崇的重点发展方向。知识产权作为新型产业的主要依托，有"得知识产权得市场"的优势。通过知识产权价值评估，知识产权权属人可以更好地了解其市场价值，从而以此为依据进行投资、转让等交易活动。我国知识产权价值评估现状与发达国家相比，评估手段还不足够完备。只有方法科学、程序规范、评估公正三者兼而有之，才能真正保全知识产权交易双方的合法权益，才能在一定程度上促进经济的发展。在2020 年建成创新型国家宏观背景下，知识产权价值评估的研究迫在眉睫。

与发达国家自 19 世纪以来陆续颁布知识产权法、理论与实践均已相对完善相比，我国无论是知识产权价值评估方法还是理论方面都相距甚远，且大部分基于学习和借鉴国外相关研究成果，没有专属于我国的方法。知识产权价值评估方法主要借鉴较为成熟的有形资产评估，按照 2017 年 10月 1 日起开始施行的《资产评估执业准则——无形资产》第二十一条规定："确定无形价值的评估方法包括市场法、收益法和成本法三种基方法及其衍生方法。执行无形资产评估业务，资产评估专业人员应当根据评估目的、评估对象、价值类型、资料收集等情况，分析上述三种基本方法的适用性，选择评估方法。"市场法适用于拥有充分活跃的知识产权交易市场，但我国现实条件并未实现，因而市场法在我国缺少适用性；成本法需要知识产权从研制开发到正式运营所有成本资料，但现实中知识产权研发成本具有复杂性和弱对应性特点，难以具体量化，使成本法难度增加，适用性减弱；收益法需要对评估知识产权未来收益进行预测折现，但知识产权具有收益不确定性及组合知识产权资产产生收益的特征，使未来收益的预测难度上升，且预测依赖评估人的经验判断，主观性强，影响收益法在知识产权价值评估的使用。提出一个科学、公正的知识产权价值评估方法是刻不容缓的。

1.3.2 知识产权价值评估的现实障碍

2017 年 10 月 1 日修订发布的《准则》和《指导意见》为专利的价值评估工作提供了明确的指导，但在实际执行过程中，由于市场环境、方法局限、评估人员等方面的限制，《准则》和《指导意见》中的一些标准仍然存在一些现实障碍，因而会影响专利工作的开展以及知识产权价值评估结果的准确性。下面从《准则》和《指导意见》的规定着手，分析在实际执行过程中存在的障碍。由于《准则》和《指导意见》的内容基本类似，这里仅以《准则》的条款为例展开说明。

（1）知识产权价值评估业务开展少，评估人员先验知识和实践经验少

《准则》第八条规定："执行无形资产评估业务，应当具备无形资产评估的专业知识和实践经验，能够胜任所执行的无形资产评估业务。执行某项特定业务缺乏特定的专业知识和经验时，应当采取弥补措施，包括利用专家工作及相关报告等。"

我国从事知识产权价值评估的人员大都具有相应的从业资格，具备一定的资产评估经验。但从整体上看，由于我国知识产权价值评估的业务开展时间短，开展的业务量相对比较小，因此评估人员的先验知识和实践经验均有不足。同时，除了专业评估人员之外，也缺少能够开展知识产权价值评估实践的专家，这些因素使我国知识产权价值评估工作的开展具有较

大难度，影响知识产权价值评估结果的准确性。

（2）单个知识产权价值与其他专利、专利权人的价值密不可分

《准则》第九条规定："执行企业价值评估中的无形资产评估业务，应当了解在对持续经营前提下的企业价值进行评估时，无形资产作为企业资产组成部分的价值可能有别于作为单项资产的价值，其价值取决于它对企业价值的贡献程度。"《准则》第十九条又规定"无形资产与其他资产共同发挥作用时，应当分析这些资产对无形资产价值的影响"。

从以上可以看出，知识产权价值与其他专利、专利权人、专利使用人等多个方面密切相关，实际上，专利的价值就是要通过专利实施人的实施结果才能体现出来，实施人的不同，专利的价值也会不同。另外，单项专利的价值也很难体现，它需要通过与其他专利或其他有形资产一起才能发挥作用，给企业带来额外的经济利益。实施人的不同、与其他专利的组合不同、与其他有形资产的组合不同，都会带来不一样的知识产权价值，因此在评估时需要对各个方面做出全面判断，这些都给知识产权价值的评估带来极大困难。

（3）关注专利自身信息较多，其他相关信息获取较少

《准则》第十条规定："执行无形资产评估业务，应当根据评估业务具体情况，对评估对象进行现场调查，收集权属证明、财务会计信息和其他资料并进行核查验证、分析整理"。《准则》第二十条规定："执行无形资产评估业务，通常关注宏观经济政策、行业政策、经营条件、生产能力、市场状况等各项因素对无形资产效能发挥的制约，关注其对无形资产价值产生的影响。"

从以上可以看出，知识产权价值评估时，需要收集的信息非常多，除了专利自身的信息之外，还包括宏观经济信息、行业发展信息、企业发展信息等多个方面，而这些方面的具体内容又没有明确的规定，全凭评估人员的经验判断以及工作投入程度。当评估人员过多关注专利自身信息和忽略其他相关信息获取时，就会给知识产权价值的评估结果带来偏差。

（4）知识产权价值评估方法缺乏指导性操作标准

《准则》第二十一条规定："确定无形资产价值的评估方法包括市场

法、收益法和成本法三种基方法及其衍生方法。执行无形资产评估业务，资产评估专业人员应当根据评估目的、评估对象、价值类型、资料收集等情况，分析上述三种基本方法的适用性，选择评估方法。"

如上部分内容所讨论的，知识产权价值评估的各种方法都存在一定的局限性，这些局限性会严重影响知识产权价值评估结果的准确性。而对这些方法，评估人员会基于自身的知识和能力水平来进行运用，不同的知识和能力水平会对这些方法的应用效果产生重大影响，而目前，尚缺少对这些方法进行应用的较为详细的指导性操作指南，使评估人员在运用时的随意性较大，因此对知识产权价值评估结果影响也较大。

（5）专利资产流动性差

《准则》第二十三条规定："采用市场法评估无形资产时应当：（一）考虑该无形资产或者类似无形资产是否存在活跃的市场，考虑市场法的适用性；（二）收集类似无形资产交易案例的市场交易价格、交易时间及交易条件等交易信息；（三）选择具有比较基础的可比无形资产交易案例；（四）收集评估对象近期的交易信息；（五）对可比交易案例和评估对象近期交易信息进行必要调整。"《准则》第二十五条规定："对同一无形资产采用多种评估方法时，应当对所获得的各种测算结果进行分析，形成评估结论。"

从以上可以看到，作为无形资产，知识产权价值的评估在很大程度上需要依赖市场的相关信息，特别是之前的市场交易信息或可比无形资产的价值评估信息，但是，我国专利交易的数量相对较少，公开的信息更少。专利资产流动性差的问题，使知识产权价值评估缺乏参考依据，同时，流动性差也会在很大程度上降低专利资产本身的评估价值，因此也是开展知识产权价值评估工作的障碍之一。

1.4 开展知识产权价值评估工作所需政策环境分析

基于上述影响知识产权价值评估工作开展的障碍，对开展知识产权价值评估工作所需要的政策环境进行分析，认为应当从以下四个方面对政策环境进行完善。

1.4.1　规章制度方面的完善

（1）建立公众专利审查制度，降低专利质量的不确定性

对专利质量的存疑加大了专利运营过程中专利供应方与需求方之间的信息不对称问题。虽然近年来我国专利数量大幅度增加，但专利质量问题严重影响专利运营工作的开展，也在很大程度上影响专利的价值评估工作。因此，筛选高质量专利进行应用是专利运营中的首要任务。美国专利和商标局开放了一个专利审查程序，它们鼓励全体公民中的相关专家都来做专利审查员和导航员，利用公众的先验经验和知识来对专利进行审查，能起到很好的效果。澳大利亚、韩国、日本、英国等国的专利局也借鉴这样的经验。我国相关部门也可以考虑借鉴这样的经验来增加知识产权价值的透明度，减少专利运营中供需双方的信息不对称，增加知识产权价值评估的依据。

（2）出台知识产权价值评估方法操作细则，促进知识产权价值评估方法标准化

2007 年，德国国家标准局发布"专利估值基本规则"，以规范专利的估值工作和估值报告，它还提出专利估值的 ISO 标准。随后，又有国家提出商标估值标准（ISO 10668：2010）。2008 年，意大利的多个部门联合签署开发知识产权价值评估标准化方法的备忘录。知识产权价值评估方法的规范化和标准化将有利于提高技术市场的透明度，有利于促进知识产权价值评估工作的开展，也有利于在执行过程中不断完善改进，从而能够更好地开展专利运营业务。因此我国应当借鉴其他国家的有关经验，逐步建立完善知识产权价值评估方法操作细则，促进知识产权价值评估方法标准化进程。

1.4.2　信息披露和获取方面的完善

（1）完善企业无形资产和知识产权资产的计量和报告制度

无形资产和知识产权资产紧密相关，因此，如果加强对企业无形资产价值计量结果的披露要求，特别是上市公司的无形资产披露要求，对后续

相关知识产权的价值评估将起到非常有用的参考，从而有利于专利运营工作的展开。目前，我国上市公司无形资产的披露总体上缺乏规范的要求，使各企业的披露程度存在很大的差别，这给知识产权价值评估过程中的样本选择、对标信息，以及其他相关信息的获取带来很大的困难。因此，可以在完善企业无形资产披露方面制定相应的措施。例如，制定计量与披露指南、制定相关评估标准、建立同类资产分类标准、支持新创企业和创新企业的报告制度、开发知识产权审计体系等。

（2）加大专利信息公开程度，改善专利相关信息的获取

专利信息的获取越充分，不确定性就越小，充分的信息可以给知识产权价值的评估提供有益的帮助。例如，专利被引用的情况、专利是否有人提出争议等。近年来，随着互联网技术的发展，我国各级知识产权机构都加大了知识产权信息公开的程度，也增加了相应的搜索功能，保证投资者可以获取专利的相关主要特征，如专利权人、合法状态、被引用情况，甚至是专利的参考评估价值等。

1.4.3 运营市场机制的完善

（1）完善交易市场机制，增加专利资产的流动性

健全专利交易市场对专利资产的流动性进行改善。专利流动性的增强，一方面，可以增加专利的交易量，从而为知识产权价值评估带来更多的对标参考；另一方面，专利流动性的增加将直接提高知识产权的价值，流动性越大，风险越小，从而提升知识产权价值。以专利中介机构和交易市场为代表的专利市场生态系统的建设将有效促进专利资产的流动性。例如，英国政府支持开发一个版权交易中心（Copyright Hub），为版权所有者和小微企业提供低价值的知识产权交易。在我国，知识产权交易市场、技术市场、技术交易所等形式机构的不断涌现，也将逐步改善我国知识产权的流动性。

（2）大力推动各种模式的专利运营业务，提高知识产权价值评估的重要性

近年来我国的专利运营被提到重要的地位，而专利运营工作的开展却

没有得到大面积的推广。专利的运营模式包括：转让、许可、专利投资、专利池运营、专利质押融资等多种模式，这些模式的开展都离不开知识产权价值评估。专利运营业务开展越多越广，知识产权价值评估的工作也就越重要，专利评估的经验和借鉴也就越多，从而带动知识产权价值评估工作的完善。

1.4.4　评估机构与人员方面的完善

（1）培育知识产权价值评估的明星企业和明星人才，提高执业能力和服务水平

目前我国知识产权价值评估服务机构众多，但是执业能力和服务水平参差不齐，影响知识产权价值评估结果的公信力。可以考虑在全国层面或者省域、市域层面有针对性地培育几家具有市场竞争力、业务能力强的知识产权价值评估明星企业，同时，也致力于培养和打造明星评估人才，通过这些明星企业和明星人才的执业水平来带动整个行业的发展水平。

（2）建立风险分散制度，降低知识产权价值评估风险

专利运营开展的困难、知识产权价值评估的困难，其主要原因来源于知识产权价值的高风险性。因此，可以通过建立专利基金、多方共担机制等来降低知识产权价值评估的风险。如果知识产权价值的风险可以由多方共同承担，或者由相应的专利基金来承担，那么知识产权价值评估工作的开展就会顺畅很多。政府也可以通过补贴的方式，给予专利评估机构一定的补贴，以促进知识产权价值评估业务的开展，促进知识产权价值评估工作的规范化。

第2章　知识产权价值评估研究综述

无形资产区别于传统的实物资产，其表现形式主要有专利、专有技术、著作权、商标等。专利作为无形资产的一种具体形态，是最重要的表现形式，因此受到众多研究人员的关注。这里采用文献研究法，以专利为例，针对专利价值评估方法涉及的专利价值、专利价值影响因素、专利价值评估指标体系，以及专利价值评估方法等国内外研究现状及成果进行综述分析。

2.1　知识产权价值及其影响因素

价值一词来源于拉丁词 valere，意思是"值得的""有力量的"。在市场经济条件下，专利不具备实物形态，但有极高的交换价值和使用价值，可以为知识产权持有者带来超额收益。在经济学意义上，专利价值的定义为：在现实的市场条件下，专利为所有者或使用者带来的经济利益。

Nicholas Bloom 和 John Van Reenen（2002）通过 1968 年到 1996 年 29年间的 200 多家公司数据，研究专利价值、实物期权及企业绩效三者间的关系；Bronwyn H Hal、Grid Thoma 和 Salvatore Torrisi（2006）通过欧盟五个国家 20 年的数据，研究专利与 R&D 的市场价值；Michele Grimaldi、Livio Cricell、Martina Di Giovanni 和 Francesco Rogo（2007）四人对专利资产组合价值进行探讨研究。

与国外专利价值研究学者研究层面不同，国内众多学者研究此方面内容会首先对专利价值进行一定划分，随后再用不同的评估方法对划分好的价值进行评估，再利用价值求和得出整体专利价值。程勇（2006）对专利价值讨论具体到持有专利和实施专利两种状态下的价值；胡启超（2013）认为专利价值包含有显性价值和隐形价值两部分，并在其研究案例中主要研究专利权转让价值；万小丽（2015）将专利价值分为经济价值和非经济价值，再将经济价值分为直接经济价值和间接经济价值，最后将直接经济价值具体划分为使用价值、交易价值、清算价值、担保价值和公平价值；刘运华（2016）对专利权经济价值外延进行界定。

影响专利价值的因素有很多，大部分学者是从专利的法律因素、技术因素和经济因素三方面对专利价值进行探讨研究。相比国外专利市场的相对完善、专利数据库较完全，国内有种种缺陷，致使国内专利相关研究受到局限。国内学者多数从理论角度探讨并阐述专利价值的影响因素，还有小部分学者采用实证研究论证专利价值的影响因素。

①专利的法律因素方面：Nordhaus（1967）引入专利的寿命作为专利价值决定参数；Klemperer（1990）采用建模说明专利保护宽度对专利价值有一定影响；Griliches（1998）表明专利维持时间是能够反映专利技术和经济价值的重要指标；Matsu－ura J H（2004）总结了专利权以及其他类型的无形资产价值评估方法的模型，提出这些模型最显著的问题就在于没有能够把法律因素整合到模型的运算过程中，这会降低模型得出结论的精确性、实用性；Wu（2010）对375家企业进行实证分析，得出专利价值与专利数量和专利有效期成正比，与单位专利R&D成反比。

②专利的技术因素方面：Griliches（1990）研究表明专利被引次数多的专利价值更高；Albert（1991）对专利前项引用做研究，得出专利被引及被引次数对专利价值有正向影响；Lanjouw JO（1998）研究专利权续费年限对专利价值的影响；Sam Khouy与Joe Daniele（2001）在专利权价值评估方法的选择研究中，主要是从技术市场成熟度的角度进行分析探讨，并且得出当技术市场极为不成熟或不完善时企业会选取成本法作为专利权的评估方法的结论；Chen和Chang（2010）通过具体行业数据，得到专利位置和专利引用情况会正向影响公司市场价值；万小丽和朱雪忠（2009）在专利被引基础上做改进和优化专利引用指标，累计引用及优质专利指数对专利价值有影响；Aditi Mehta、Marc Rysman和Tim Simcoe（2010）认为专

利引文年限分布影响专利价值，并在前有研究基础上引用一个外生性变量解决专利使用年限、引用年限及专利有效期共线性问题；张俊艳、余敏（2018）采用因子分析得出技术因素对专利价值有影响。

③专利的经济因素：Deng（1999）的研究表明专利质量和专利价值呈正相关关系；冯君，周静珍和杜芸（2012）表示全球最大专业信息供应商提出专利强度概念，集合专利引用、诉讼数量、权利要求数量、权利要求字符数及申请时长多个指标，作为筛选高质量高价值专利的指标；国家知识产权局专利管理司、中国技术交易所在 2012 年所编的《专利价值分析指标体系操作手册》，从专利的法律、经济、技术价值三个方面评价单个专利的价值；吕璐成、刘娅及杨冠灿（2015）基于决策树方法对可能影响专利被引的 12 个因素与专利是否被引的潜在关系进行分析。

除单个因素影响专利价值外，也有些学者对多个影响因素一起讨论。薛明皋、刘璘琳（2013）研究表明专利在质押状态下的专利被引数、专利 IPC 分类、权利要求数、专利族数、专利有效期、质押专利数、专利类型等因素仍是影响专利价值的重要因素，并论证每个影响因素与专利价值的相关性；陈健和贾隽（2013）以文献综述的方式总结国内外有关专利质量影响因素的研究，提出专利的长度、专利宽度、技术生命周期、专利引用状况、专利异议状况及专利诉讼六大主要指标；Antonio Messeni Petruzzelli、Daniele Rotolo 和 Vito Albino（2015）讨论科技的宽度、专利发展中的合作程度、专利诉讼数量、专利保护范围、专利技术新颖度及专利引用对专利价值的影响；张克群、夏伟伟、郝娟、张曦（2015）使用 7146 件专利文献数据进行实证研究，得出专利权要求数、先前技艺数、专利族深度和专利族强度对专利价值有显著正相关；李琰、王玲玲及曹凤霞（2015）指出日前研究领域内影响专利价值的关键因素主要集中在法律、市场、技术三个层面；邱洪华、陆潘冰（2016）对专利价值度、专利族、专利引用数、权利要求数专利价值影响因素等进行评价；张克群、李珊珊及郝娟（2017）研究不同发展阶段的专利价值影响因素。

除了影响专利价值的通用因素之外，不同行业对专利价值的影响因素也会有所差异，一些学者也针对不同行业的专利价值及其影响因素进行了分析。霍艳飞（2016）利用医药专利信息的数据，分析影响医药专利价值的相关因素；王庆文等（2015）针对电力行业专利价值评估的影响因素及相关问题进行了研究，并指出成为标准的可能性、独立权利要求与从属权利要求的范围、电力行业专利的被引次数是影响电力行业专利价值的三个最重要因素；王凌峰（2017）则针对电池行业建立影响技术专利价值的因素及评价指标体系。

综上所述，知识产权价值的影响因素主要集中于技术因素、法律因素、经济因素，也有研究拓展为权属因素、市场因素、宏观环境因素、企业的管理水平即贷款方情况等几个方面。在知识产权自身因素方面又可以细分成研发成本、技术成熟度、有效年限等。总体而言，知识产权价值的影响因素研究由单一影响因素，到多因素，再到更多的因素，并向更全面的方向发展。因此在后续研究中出现的知识产权质押价值评价体系研究，主要采用的是模糊集评价、层次分析等方法，但价值评价体系维度及所选取指标各不相同。因此，理论界和实务界在进行知识产权价值评估时，往往很难全方位地考虑到所有因素，而且，由于市场环境的变化、知识产权持有人的不同、科学技术的发展等外部环境变化，知识产权价值也具有动态变化的特点，这给知识产权价值评估带来很大的不确定性。此外，知识产权价值评估的方法多种多样，不同环境下可以采用不同方法。本书对理论和实践领域研究和采用的知识产权价值评估方法进行评述，对各种方法的适用性以及知识产权价值评估中存在的困难进行分析。

2.2　知识产权价值评估指标体系

在现有诸多知识产权价值评估方法中，除去传统成本法、市场法、收益法及部分计量经济法外，多数方法都需要建立知识产权价值评估模型指标体系以对知识产权价值进行评估。国内外众多学者对知识产权价值评估模型指标体系的建立有不同的做法。20 世纪 80 年代，美国 CHI – Resarch 公司构建 CHI 评估指标体系，包括有专利引用、科学关联指数、技术生命周期、科学关联性及科学力量等经典知识产权价值评估指标；Pakes

（1986）指标体系包含有专利开发背景、专利技术的公开程度、专利文献概述、权力请求及专利族数五个指标；美国联邦法院（1996）确立佐治亚太平洋指标体系，包括有专利权人的许可使用费、其他可参考的专利许可费用、许可的种类和范围、许可人的营销策略及许可政策、被许可人与许可人之间的关系、专利产品对非专利产品销售的影响、专利的权利期限以及许可期限、专利技术制造的产品的受欢迎程度及历史商业获利状况、专利技术产品相比于先前可达到相似结果的技术产品的便利及优势等 15 项指标；Richard Razgaitis（2003）在知识产权价值影响因素的研究中，重点提炼了八个因素，其中包括内在质量、市场因素、法律因素、竞争因素等；姜秋（2004）从技术、经济以及环境三个方面对知识产权的价值进行评价，技术方面主要考虑的是专利技术的成熟程度、转让次数、市场的可替代性以及更新的时间周期，经济方面主要考虑的是人力、物力以及财力成本和研发时间上的耗费，环境方面因素则主要集中关注在法律保护状况以及市场环境状况；马慧民等（2005）进行了知识产权价值指标体系研究，他们从四方面因素考虑风险问题，分别是技术因素、经济因素、市场因素、社会因素；张阳（2006）不仅对风险要素进行研究，还将研究进行不同评估时间和评估方法的区分，文章总结专利权价值评估需要注意的因素；同样的，对于专利权的价值评价指标体系的研究，Chiu（2007）构建了四个维度指标体系模型，分别是技术维度、成本维度、产品市场维度和技术市场维度；张涛等（2007）将专利权价值评价指标分为两个大的方面，一个是定性的评价指标体系，另一个是定量的价值评价体系，提出通过建立定性评价指标体系与定量评价模型对专利权进行评估，这样的体系模型考虑因素更加全面；从定性指标和定量指标两个方面考虑，进行深入研究的学者还有万小丽（2008），她将模糊综合评价法运用到专利权价值的模糊性评价问题中；宋伟、彭小宝等（2008）利用的是定量分析方法进行价值评估，此方法的特点是将知识集成产权化，换句话说就是将模糊评价法、创新的 TISEC 评估模型以及区间值模型三个模型进行综合运用的方法；Lai 和 Che（2009）从另一个视角进行分析，从负面角度考察专利的价值，将专利侵权诉讼赔偿收益作为专利的法律价值，在整个研究中他们将从美国地区法院检索的4289件专利侵权诉讼案件中提取的65个有效样本作为研究对象，通过反向传播神经网络方法建立专利估价模型，利用17项指标对专利规模加以量化，最后通过改变专利估价模型输出的Z评分确定了专利综合评价模型；王竞达（2010）专门研究跨国并购中专利权的价值评估，是从价值类型、评估方法和影响因素三方面进行的研究，他提出评估中应该全面考虑各种影响因素；苑泽明、李海英（2012）开始研究专利权质押价值，而非单纯从专利权出发，他们运用的研究方法是因子分析法，价值基础是市场中的专利权质押价值，进而确定影响收益分成率的因素指标体系以及指标的比例；唐恒、孔漾婕（2014）在研究分析中将价值分为三部分，法律价值、技术价值和经济价值，通过三个一级指标构建专利质押贷款中的指标体系，为专利质押贷款价值分析提供了思路和方法；李振亚、孟凡生及曹霞（2010）提出专利价值评估的四要素指标体系，主要包括专利技术质量、市场价值、专利技术的竞争情况及专利技术保护强度；杨思思（2017）选取了先进性、依赖性、技术发展前景、适用范围、可替代性、成熟度、配套技术依存度、产业集中度八个方面作为专利价值评估的指标体系；邱一卉、张驰雨、陈水宣（2017）提出采用基于分类回归树模型进行属性选择方法，用于构建专利价值评估的指标体系；张黎、李倩、禹建丽（2018）从专利的技术水平、经济价值、权利保护三个层面建立评价指标体系，选取了19个二级指标对专利质量进行评价；杨思思、戴磊及郝屹（2018）参考《专利价值分析指标体系》并结合行业特点选取市场应用情况、专利申请规模、专利占有率、竞争情况等七个指标，构建适用性高的专利价值通用指标体系。

2.3 知识产权价值评估方法

现有关于知识产权价值评估方法的研究众多，主要为传统的成本法、市场法、收益法和实物期权法。近些年众多学者对知识产权价值评估方法的研究与应用有一定的突破，在原有基础上又应用了多种评估方法，如模糊综合评价法、计量经济法、机器学习与模拟仿真方法等非市场基准的专利价值评估方法。

2.3.1　市场基准的专利价值评估方法

杨华总结了在我国实践中经常使用的专利价值评估方法：市场比较法、重置成本法和收益现值法。张晓满（2002）将专利按照专利来源划分为自创专利技术、外购专利技术两类，并采用成本法对两类专利重置成本进行界定。自创专利重置成本为重置研发成本及重置交易成本之和；外购专利重置成本为评估时及购买时物价指数之比和专利账面价值之乘积。传统价值评估市场法做法简单，但难以实际操作，国内外众多专家学者对传统市场法进行改进和创新。胡启超（2013）在市场法基础上引入 BP 神经网络思想对专利价值进行评估。

（1）传统方法

1989 年，戈登·斯密最早对无形资产进行研究，在对无形资产概念进行界定的同时对那个时代已有的无形资产评估方式进行一定的比较分析，得出收益法在多种评估方法中更加适合无形资产评估。收益法是以专利的未来收益预测结果进而折现来计算专利价值的。但是，与实物资产或金融资产相比，专利的未来收益具有更高的不确定性。戈登·斯密的《无形资产与知识产权评估》一书中提倡使用未来超额收益法对无形资产进行评估。我国对资产的评估开始于 20 世纪 20 年代初，出于对固有资产的管理，我国开始从国外引进资产评估理论和方法，杨汝梅在 1926 年发表的《无形资产论》是我国最早有关无形资产的论著，也代表了当时西方国家的研究水平，作者将企业额外收益能力看作无形资产的价值，以超额获利能力表示无形资产，这样的思想沿用至今，也成为收益法评估专利资产价值的理论依据；Enzo Baglieri（2001）对收益法的优缺点进行研究分析，主要分析的是收益法在专利权价值评估中的应用，并按照专利权未来预期收益确定专利权的价值；也有学者在专利价值研究中开始考虑技术市场因素，Sam Khouy、Joe Daniele 和 Paul Germeraad（2001）的研究主要考虑技术市场的成熟度，技术市场成熟度影响专利权价值评估方法的选择；David Tenenbaum（2002）讨论了传统的专利权评估方法；在之后的研究中有学者开始对专利权收益法进行着重研究；Mark Berkman（2002）认为收益法是适合的，并利用现金流折现法对专利许可价值评估进行了验证；王雅妮（2018）详细论述收益法在专利并购中的使用；詹勇军（2018）通过实证研究得出专利价值维权成本评估法具有可靠性和适用性；张雨萱（2018）以央企为研究对象，分析了成本法、收益法、市场法的劣势。传统方法中，成本法的成本信息相对比较容易获取，操作简便，但成本信息并不能够真正反映专利的真实价值，所以只能作为参考。市场法所反映的专利价值信息能够反映专利当前的市场需求和市场价值，也易于被大家接受，但由于我国专利交易市场并不发达，很难找到可以匹配的专利市场交易价格。而收益法需要对专利的未来收益进行预测，这种预测的主观性较大。

（2）实物期权法

有学者提出，在对专利价值进行评估时，仅考虑未来现金流是不够的。Black、Scholes 两位经济学专家在 1973 年提出了 B－S 期权定价模型。但在实际运用上，出现计算过于复杂的问题，为解决该问题，罗斯、考科斯和马克·鲁宾斯坦在 1979 年提出一种简单的对离散时间的期权定价方法，即二叉树模型。Steward Myers 在 1977 年首次将期权定价理论引入项目投资领域，提出将投资机会看成是一种增长期权的思想。他认为"基于投资机会的管理柔性存在价值，可用金融期权定价模型来度量，但由于标的资产为非金融资产，则称之为实物期权"。Pakes（1986）的研究更深入一步，指出专利权价值本身与实物期权有很多共性，可以利用实物期权方法在专利权有效期内进行价值评估。在之后的研究中，Trigeorgis（1993）将实物期权模型进行深化拓展，开展多重实物期权模型研究，他在研究中发现由于单项实物期权的相互作用，这些作用的方向是正的或者是负的，具有不确定性。除极少特殊情况外，多重实物期权的价值模型绝大部分情况下都不具有单项实物期权的简单可加性。在研究中如果简单地把单项期权价值的和作为多重实物期权的价值，必然会高估专利权的真实价值；Amaram 和 Kulatilaka（1999）又提出了一个实物期权应用框架，使该理论在实际中的应用进一步成熟。Pakes（1986）认为专利是一种期权，因而利用期权定价模型来对专利价值进行评估是合适的。期权定价模型更好地考虑了专利权未来收益的高风险性，将专利权特有的"技术冲击"因素纳入价值评估的考虑因素，更贴近实际状况。Yu jing Chiu（2005）指出随着国家提出建设创新型国家，从政府到企业越来越关注创新，专利权在企业发展中起着非常重要的作用。对企业无形资产价值的计量大部分是进不了财务报表的，因此财务数据不能充分体现企业的能力与价值。在国内的有关研究中，关于专利权价值评估的实物期权方法已经有很多学者着手应用。杨春鹏（2002）等，沈永清（2003）等，王敬（2004）和黄生权（2006）等首先通过验证专利权具有金融期权的特征，直接将实物期权方法应用到专利权的定价过程中。Namita Chandra（2009）首先确认专利权价值评估是要考虑专利的控制权价值和拥有权价值，这也是实物期权价值评估的理念，认为管理者会选择专利产生的全价值，同时研究认为专利权价值评估应该具有指标的系统性、估计性等特征。刘小青（2009）针对外国专利权在中国的获取、维持和执行过程进行了详细的分析，在此基础上提出了一种复合期权模型，对外国在华专利进行价值评估，并运用涉外专利侵权案件的审理数据信息对该模型进行了实证研究。Holger Ernst、Sebastian Legler 和 Ulrich Lichtenthaler（2010）不仅使用实物期权理论模型进行专利权价值研究，还结合蒙特卡洛模拟的方法，建立对专利权进行价值评估的"模型"，使评估结果更加准确。郭洁（2007）从另一角度研究，认为专利权价值具有延迟期权的特点，并提出了多重实物期权方法与其他方法相比更能体现专利管理者的灵活性和柔性管理策略所能带来的潜在收益。范龙振（1998，2000，2001）在多篇文章中研究了投资时间选择期权的项目价值及这种期权对决策的影响，在研究中都进行了两方面的假设，即项目价值服从几何布朗运动，初始投入服从几何布朗运动。马俊海等（2011）的研究也是改进版的实物期权方法，他使用蒙特卡洛模拟技术对期权模型进行改善，这种方法提高了价值评估的效率和准确性。韩娟娟（2011）基于实物期权法的知识产权价值评估。根据知识产权的特征将其分为不同的部分，根据相对应的特征，利用实物期权法对其进行评估与分析。陆克今、薛恒新（2012）拓展实物期权理论两个新应用领域。阐述实物期权理论与博弈论相结合，并在房地产抵押贷款风险决策中得到新领域的实际应用。

他们认为实物期权框架可以为房地产抵押贷款风险提供帮助。由于明天的信息不是完全可知，有极大的不确定性，并且不能被消除，这就成为实物期权理论的起点。他们在文章中假设银行为获得最大受益且承担最小风险为例，描述银行的战略选择权：在未来的某个时期内，如果预期房地产市场价格上升，银行可以扩大房地产抵押贷款规模，即相当于看涨期权；如果预期房地产市场价格下降，银行应当缩减甚至暂停房地产地他贷款业务，即相当于看跌期权。此时，银行拥有多个战略选择权。刘岩、陈朝晖（2015）构建基于统计模型偏态分布模糊数的专利价值实物期权评估模型。

实物期权模型用于专利价值的评估也经历了一个历程。从欧式期权到美式期权，到实物期权与现金流折现法、蒙特卡洛方法的结合，再到与博弈论的结合，实物期权模型的适用范围越来越宽。针对专利估值的不确定性，不可逆性与市场中的竞争性，本书采用实物期权模型与风险计量模型相结合的方法，解决专利权风险价值估计问题。专利价值评估的实物期权法的假设条件更加贴近实际情况，也考虑了影响专利价值的各种不确定因素。但是，这种方法的模型相对复杂，而且模型的可理解性较差，并且各种不确定因素的估算也相对比较困难，从而影响该方法的实用性。

2.3.2　非市场基准的专利价值评估

近几十年，国内外广泛采用非市场基准的方法来研究专利的价值。非市场基准的专利价值评估方法的基本思路是，基于公共专利数据库中的相关信息，应用实证研究方法来分析不同信息与专利价值之间的关系，在此基础上，以专利价值影响因素为变量来构建专利价值评估模型。

（1）模糊综合评价方法

模糊综合评价方法是在分析专利价值影响因素的基础上，建立专利价值评估综合指标体系，并运用模糊评价的方法给被评价专利的每一个因素赋值，最后得到专利价值的综合评价结果。杜晓君（2003）运用模糊综合评判模型对国内投资环境做评估，以便明确区域优势定位从而利用优势来吸引跨国公司投资；冷雄辉及翟富源（2017）运用模糊综合评价法对某产业三个重点发明专利进行价值评估；资智洪（2017）则采用定量指标评价和专家打分相结合的方法，分别计算专利的定量指标价值度和定性指标价值度，最后得到专利的综合价值度。

模糊综合评价法的优点是简单易理解，但是这种模糊综合评价法得到的结果不是以价值金额形式体现的，得到的往往是价值度的概念，只能作为专利运营（转让、质押贷款、许可等）的参考，不能直接作为依据。

（2）计量经济模型方法

计量经济模型方法一般以专利价值估计值作为因变量，以选取的专利价值影响因素作为自变量，选取与待评估专利同质的样本，运用历史数据进行多元回归分析，并在此基础上建立专利价值的评估模型。然后，运用该模型进行专利价值评估计算。德国慕尼黑大学的 Harhoff 教授是该类研究的最早倡导者，他与哈佛大学的 Scherer 教授、欧洲经济研究中心的 Vopel 教授经过大量的专利价值数据分析，历经数年研究，发表该领域研究的代表之作。国内学者也对该类方法进行一些研究。张彦巧（2010）基于影响企业专利价值量化的金字塔分析影响专利价值的因素，并建立专利价值与企业收益之间量化模型。

专利价值评估的计量经济模型方法也易于理解，但是也存在明显的缺陷，首先这个方法很难获取同质专利价值的大量样本，从而难以开展回归分析，影响模型的建立；其次这类方法往往假设专利价值与影响因素之间呈线性关系，这种假设本身可能存在一定的局限性，从而影响模型的准确性。

（3）机器学习与模拟仿真方法

近年来随着人工智能技术的发展，有学者们提出运用一些基于机器学习的专利价值评估方法。吕晓蓉（2017）提出一种利用系统动力学模型对专利价值进行动态模拟的思路，在对专利未来价值形成过程以及影响专利价值的技术、市场和竞争等多种因素构成的复杂反馈系统进行分析的基础上，运用系统动力学的结构—功能模型来实现对专利价值的动态评估。

这种基于机器学习与模拟仿真的专利价值评估方法在理论上存在一定的可行性，但在实际应用中还需对相关指标、算法等进行进一步的完善。

第二部分

市场基准的知识产权
价值评估方法及应用

第3章　知识产权价值评估的传统方法

在知识经济时代，为确保知识产权市场上交易的正常发展，客观、科学、公正、合法地评估知识产权价值成为重中之重，但交易双方的交易起始点均为己方利益，难免会出现双方为己方利益而破坏知识产权交易市场公平、客观原则的情形。除此之外，交易双方通常并不具备有关知识产权价值评估方面的知识，因而会选择委托相关专业评估机构的方式来帮助其确认知识产权的具体价值。

按照2017年10月1日起开始施行的《准则》第二十一条规定："确定无形价值的评估方法包括市场法、收益法和成本法三种基本方法及其衍生方法。执行无形资产评估业务，资产评估专业人员应当根据评估目的、评估对象、价值类型、资料收集等情况，分析上述三种基本方法的适用性，选择评估方法。"结合《指导意见》可以看到，专利价值评估的方法包括三种基本方法及其衍生方法，这些方法都是以市场为基准的价值评估方法。学者以及资产评估界的专家对专利价值评估的方法也进行大量的理论研究和实践应用，除市场基准的专利评估方法外，也提出一些非市场基准的专利评估方法，通过对文献分析，可以将非市场基准的专利价值评估方法分为模糊综合评价法、计量经济模型方法、机器学习与仿真模拟法。从而，在本书中，将专利价值评估方法分为市场基准的专利评估方法和非市场基准的专利评估方法两大类，并进行了进一步的细分，如图3－1所示。

各种知识产权价值评估方法具有各自不同的评估思路，并在各自的评估途径中衍生出其他评估方法。随着市场的不断发展进步，知识产权市场不断扩大，涉及的行业和范围增加，在众多学者不断研究和发展中，衍生出在知识产权交易过程中频繁使用的基本方法：传统的成本法、市场法、收益法和衍生出的实物期权评价方法。但随着知识产权市场的不断延伸，传统的价值评估方法逐渐显露出其局限性。

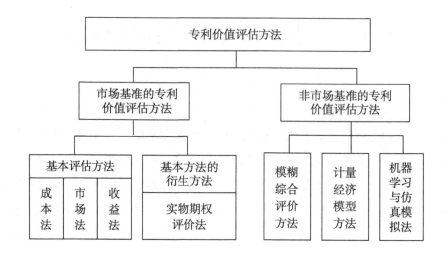

图3-1 专利价值评估方法的分类

3.1 成本法

成本法是在生产费用论的基础上，将知识产权以其历史成本或重新再开发所耗费的各项生产费用来确定知识产权价值的评估方法。知识产权的成本法有历史成本法和重置成本法，历史成本法指以开发知识产权之日起或外购时全部历史实际支出费用，重置成本法则是在当下重新再开发或购置同种知识产权所花费的全部费用。

在重置成本法下，最主要的因素就是重置成本的确定。重置成本主要分成复原重置成本及更新重置成本。两个重置成本全部都是通过现行价格确定得到被评估知识产权的全部成本，二者的区别点在于，复原重置成本就是采用与评估知识产权完全相同的材质、标准和技术等，按照现在的时间价格构建与被评估知识产权一模一样的资产所花费的成本；与复原重置成本一模一样的要求相比，更新重置成本是采用并不完全一致的材质、标准和技术等，按照现在的时间价格构建与被评估知识产权功能一致的资产所花费的成本。

在重置成本法下知识产权价值计算公式为：知识产权价值＝被评估知识产权重置成本－知识产权实体性贬值－知识产权功能性贬值－知识产权经济性贬值。其中知识产权实体性贬值指由于自然及使用等因素产生的知识产权贬值，知识产权功能性贬值指由于技术或知识的落后所引起的知识产权贬值，知识产权经济性贬值指因为外部环境变化所产生的知识产权贬值。由此可见，在更新重置成本下采用了先进的技术与条件，不存在功能性贬值。

在历史成本资料存在，且可以被利用以及正确计量；存在资产价值损耗并且能够被有效地识别的基本前提下，成本法评估过程如图 3－2 所示。

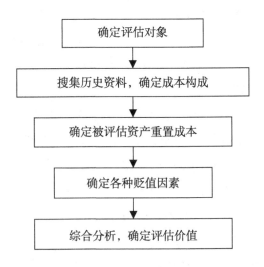

图 3－2　成本法知识产权价值评估过程

通过成本法的评估过程以及基本前提，可以看出利用成本法对知识产权进行价值评估，首先需要确定知识产权的成本构成，并分析其性质，而知识产权是通过人类的智慧取得，不易计算出成本。并且知识产权价值损耗也难以被准确计量。所以运用成本法评估知识产权的价值时，会存在一定的局限性和困难。

采用历史成本法进行价值评估可以满足客观、一致、谨慎原则，如果企业对被评估的知识产权历史开发成本有翔实的记录，可以对历史成本进行调整，加入通货膨胀、货币时间价值等因素，折算成现值来反映该知识产权的总成本。然而在实际应用中，历史成本的取得是很困难的，企业对开发费用的记录不一定详细、真实，如果可以获得原始记录，评估人员也需要区分为维持知识产权价值而耗费的成本及为增加它的价值而投资的成本，分离出归属于开发该项知识产权相关的研究、开发费用，使获得的历史成本准确而全面。鉴于历史成本可能失去现有效用，所以在实务中大多采用重置成本法，重置成本是以现价为基础，假定再构建一个与被评估知识产权相同的资产所耗费的成本，避免了将历史成本转换成现价的问题，然而由于知识产权的唯一性和专有性，很难有现价依存，重置成本的计算存在一定的主观性，结合我国现有财务制度，关于无形资产入账价值确定尚不完善，致使复原重置成本存在一定困难。对自创性知识产权，其成本构成中很大一部分取决于智力劳动成本，资本化智力劳动成本的计量更是没有统一的标准，这种虚拟性使想要准确地计量知识产权的成本更加困难。

结合我国现有财务制度，由于无形资产入账价值确定尚不完善，致使复原重置成本存在一定困难。在实际专利交易及知识产权价值评估过程中，一般较难获得被评估专利的完整成本费用，且专利未来获利能力与成本间并没有过多关联。运用成本法评估，还需要估算其贬值额。实体性贬值需要预测知识产权的剩余经济寿命，经济寿命的预测有很大的不确定性，完全依据其法定寿命或契约寿命则有失客观性。某项知识产权的开发是企业非公开进行的，某项技术很可能会在没有预料的情况下被新的技术代替，新技术出现后产生的潜在竞争会影响知识产权的剩余经济寿命，评估师很难对未来做出准确预测，因此，功能性贬值额的计算也有一定的困难。而经济性贬值在普通资产评估中都是难以准确测算的，对知识产权评估而言，同样也是难点之一。

知识产权作为一种创造性的劳动成果，是唯一的、不可复制的劳动，知识产权的专有性使成本法评估结果的合理性受到了很大的挑战，从这一点来看，成本法确实难以满足实际需要。另外，需要注意的是不管是历史成本还是重置成本与收益并不是完全对称的，其开发成本与未来收益能力及价值并没有直接联系。以上多个原因使在实际专利交易过程中，成本法并不完全适用，成本法在评估知识产权价值应用过程中有一定的局限性。

3.2　市场法

市场法是指通过对比被评估知识产权与最近在市场上经济交易活动类似的知识产权的相同之处与区别之处，并以此为基础调整知识产权交易价格，用于确定被评估知识产权价值的一种价值评估方法。市场法实际上是在均衡价值论的基础上，采用替代性原则，认为知识产权价值的评估应该由交易市场中的交易双方共同决定，因而在现行交易市场中搜集同种知识产权交易案例，通过现有同类知识产权交易价值分析、比较差异，再通过调整以对被评估知识产权价值定量的一种方法。

市场法经常会用到的两种方法是交易案例比较法和上市公司比较法，其中交易案例比较法是知识产权评估师根据市场内相似的知识产权经济活动等交易实例作为相关数据进行调整，得出被评估知识产权价值的一种方法；上市公司比较法是指知识产权评估师依据相似行业上市公司的相关经济数据，在分析被评估知识产权与可比知识产权相关性的基础上进行调整，从而得出被评估知识产权价值的方法。

采用市场法进行知识产权价值评估过程中主要涉及参照物的历史成交价格、被评估知识产权与参照知识产权间的差异参数等。使用市场法对知识产权价值进行评估需要存在一个充分活跃的公开资本市场，且在此市场中包含有同类知识产权交易信息的基础前提下进行。通常市场法评估流程较为简单明了，而且知识产权交易数据和交易资料可以直接从现行市场中获取，数据等信息都较为直观可靠，更能反映交易知识产权在市场中的公允价值。近年来由于我国经济的高速发展，我国各领域市场发展逐渐成熟，社会主义市场经济日益完善，为市场法的运用提供了更有效的环境，市场法的应用场所更加广泛。市场法的具体知识产权价值评估步骤为：①在交易市场中选取与被评估知识产权相同或类似的知识产权作为参照；②根据比较两个知识产权的特征选取比较因素，将区别处量化；③通过平均数总和确定被评估知识产权的价值。详细的评估过程为：选择进行对比的公司；调整公司相关数据以及政策，使对比公司和被评估公司会计政策以及会计期间等相一致；计算并选择收益类、资产类等估值比例乘数；根据对比公司比例乘数调整被评估公司比例乘数；利用调整好的被评估公司比例乘数计算选择最合适的评估结果。

市场法相较于成本法而言，数据直观、易于理解，但现行我国知识产权交易市场并没有发展得如此完备，市场容量小、交易场所有限、交易规则不完善、交易体系不健全、信息匮乏等市场的不完全性严重阻碍了知识产权评估中市场法的运用。另外，由于知识产权的专有性，以及知识产权之间的差异，即便是存在活跃公开市场也很难找到与被评估知识产权类似的可比案例，并且对比较因素差异的调整也比较复杂，在调整比例乘数时需要评估师具有大量丰富经验以及较高的技术水平，调整得到适用于被评估企业的参数。由于评估师技术能力参差不齐，评估数据具有较大不确定性。除此之外知识产权是有别于传统实物资产及其他无形资产的，在对知识产权及参照知识产权的区别处进行具体量化还存在一定难度。一般来说，知识产权需要同其他资产共同作用产生价值，甚至有些情况下必须同特定资产共同作用。因此，在交易中知识产权也往往同其他资产一同交易，在这些交易案例中很难单独获取知识产权交易价格的相关信息。受现行市场环境不成熟、信息条件获取难，以及寻找合适的参照知识产权交易不易等多重制约，无形中使市场法的应用受到很大的限制。

3.3 收益法

收益法是在效用价值基础上，认为知识产权的价值是通过知识产权产生的经济资源的能力所决定，知识产权未来所能创造的收益是其价值实现的重要体现，因而以对被评估知识产权未来所创造的全部现金流或收益进行预测，并通过折算将未来现金流或收益全部折算成现值来确定被评估知识产权价值的一种方法。收益法的主要评估思路是将被评估的知识产权预期收益按照合适的折现率折现获得最终知识产权价值。即在预期收益期限内，将知识产权所获得的未来超额收益的现值进行量化。企业通过知识产权获得收益往往都伴随实物资产等多重影响，并不能单纯认为是被评估知识产权单一作用下产生，在考虑被评估知识产权价值时应有所考虑。通过收益法确定被评估知识产权价值现行有两种做法：一种是将知识产权获得的收益直接折现加和计算，还有一种就是通过分成率对总和收益进行分配。

收益额是指知识产权能够给企业带来的超额收益，一般可以用净现金流来代表其未来经济收益，净现金流量受多种因素的影响，预测具有不确定性。预测知识产权未来使用期间内的现金流量，也需要对知识产权的剩余使用经济寿命做出准确预测，在这个过程中评估师的作用有限，一般情况下是按照资产占有方以及专家意见确定评估对象的剩余有效寿命。收益法在预测收益额时，评估师一般首先对企业整体未来现金流量做出预测，再用分成率将知识产权贡献的现金流分离出来。对企业未来现金流的预测，预测期间一般控制在 5 ~ 10 年，将整个评估区间分为前后两个阶段，也就是两阶段预测，这是当前收益法在知识产权资产评估中使用最为广泛的模型。第一阶段是精准预测期（一般为 5 年）的预期收益，第二阶段是以第 5 年预测数据为基础，以固定的增长速度或者减少速度预测第 6 年至剩余有效寿命（年限）期末的预期收益，确定其未来使用寿命（年限）后，收益额的增长率或减少率也需要评估师做出准确的预测。对企业未来现金流做出预测后，需要通过分成率来分离出归属于知识产权所贡献的现金流。分成率的计算一般有两种方法：一是专家打分法，二是通过对比同行业上市公司有关资料，来获取技术分成率。

收益法在知识产权价值评估程序中最主要的四个参数是：预期收益、分成率、折现率及收益期限。在现行知识产权交易市场中折现率的预测方法较多，主要有加权平均资本成本倒推法、行业平均收益率修正法、资本资产定价模型、风险报酬累加法等。不同计算方法所得价值评估折现率不尽相同，还需要价值评估师在现有材料及实际情况基础上进行调整获得最终的折现率，以确保折现率在价值评估过程中的科学合理性。众所周知，知识产权在有效期内获取的收益并不是确定不变的，而是不断波动的。知识产权预期收益期限则是综合考虑法律规定保护年限、合同期限及知识产权生命周期进行分析。

风险和收益成正相关关系，知识产权的折现率会随收益率的波动而发生变动，而无论选用哪种评估方法的折现率，其共同的特点都是假设折现率在资产整个寿命期内都是保持不变的，但采用单一折现率并不符合实际情况。知识产权收益具有不确定性和非独立性，所以无论采用何种方法来确定被评估知识产权的折现率，都应该反映评估知识产权在企业整体资产组合中的收益和风险。

收益法需要被评估知识产权拥有稳定环境基础，即满足可持续经营假设；被评估知识产权收益及风险能够使用货币现金进行可靠计量且可预测被评估知识产权获利年限和折现率的前提下进行计算。具体计算程序是在收集具体财务信息后预测被评估知识产权在寿命（有效年限）期限内的预期净收益、折现率等的基础上折现。在对未来收益折现时所用公式为：

$$P = \sum_{i=1}^{n} \frac{R_i}{(1+r)^i} \qquad (3-1)$$

其中：P—— 知识产权评估价值；

R_i—— 知识产权价值第 i 年的预期净收益；

r—— 折现率 。

收益法是现行资产价值评估中较多使用的方法，考虑到时间价值因素能够较为准确地反映被评估知识产权的真实价值，是基于知识产权当前收益能力而出发的评估方法。相比成本法和市场法，知识产权的评估采用收益法貌似更为妥当，但在实际交易市场中收益法所需要的多个要素的计算依据和数据基础难以挖掘，且评估参数的选取较大地受评估人员的主观影响，对评估人员的经验要求高，如知识产权往往与其他资产结合产生收益，在对收益进行分割时采用的收益分成率就对收益的预测有很大程度的作用，现今常采用的是根据专家的经验和职业判断对各指标打分。多种不利因素致使收益法在实际知识产权价值评估应用中也存在一定的局限性。

第4章　基于实物期权法的
知识产权价值评估

知识产权价值评估的主要传统方法有成本法、市场法、收益法。三大方法拥有各自的基本前提，并且均为静态分析方法，在实际动态环境中无法可靠实施。因为在具体市场环境中知识产权还面临众多风险及不确定性，传统的此类静态分析无法弥补这一部分影响，将造成知识产权价值低估的结果。为弥补此类传统方法的局限，有学者将具有更强灵活性的实物期权法应用到知识产权价值评估中。

4.1　相关概念

4.1.1　期权

期权是从期货衍生而来的一种金融工具，根本来看期权是一种契约。期权指期权持有者有权利在一定期间内按照合同约定的价格买入或卖出一定数量的金融产品。金融产品即为契约所约定期权标的物。期权赋予持有者不对等的权利和义务，即并不具备强制买入或卖出的义务。

期权按照不同条件有以下三种不同的分类。

（1）按照权利划分，主要有看涨期权和看跌期权

看涨期权，是期权的买方向卖方支付一定数额的权利保证金后，在一定时期内，按事先确定的价格买入标的物的权利，期权拥有者可根据市场价格自行决定是否执行买入。

看跌期权，按事先约定的价格卖出一定数量标的物的权利，期权拥有

者可根据市场价格自行决定是否执行卖出。

（2）按交割时间划分，有美式期权和欧式期权

美式期权是只要在期权合约有效期内可以随时行使权利。

欧式期权是只能在期权合约到期日当天行使权利。

（3）按性质划分，有金融期权和实物期权

金融期权是标的物的性质为金融资产，如股票、债券、外汇等的期权。

实物期权是标的物的性质为实物资产，如土地、石油、新产品开发的期权。

4.1.2　实物期权

Myers 于 1977 年首先提出有关实物期权的概念。他个人认为，由投资所产生的收入取决于对资产当前和未来的投资机会的选择。该投资机会便是是否执行该投资的选择权。在到期时该期权的价值取决于未来的资产价值也取决于投资者是否执行这一期权选择。这意味着，投资者有权在未来使用一定的价格收购或出售某种有形资产，而由于该资产为实物资产，所以这样的期权就称为实物期权。该期权与金融期权有一些相同的地方，表现在实物期权中的选择权不具有对应要承担的义务。随着时间的推移及实物期权的发展，实物期权从发现到使用，在内容和结构等方面都在不断变化。从较为单一的期权进化到很多种相关期权相结合。因此，在未来进行投资决定时对未来的投资不确定性的实物期权可以定义为：企业在对某个项目投资时的选择权。实物期权是在期权理论与实践中兴起的一种在实物领域的拓展。期权与实物期权二者区别在于不同的标的物，前者的标的物为金融产品，而后者则为投资项目的价值。以此也可以看出实物期权更为复杂。

实物期权依据不同的标准有不同的分类，主要有等待期权、增长期权、退出期权及学习期权。

（1）等待期权

投资者的心理多为自身利益最大化，以此为目的进行投资决策，为此

当投资期内收益大于期权价值时，才产生利益，对此投资者才认可此次投资。期权的权利与义务不对等性，使投资者暂时性推迟决策并不会因此而丧失投资机会，使等待就有价值。未来出现不利消息将会使期权产生价值，若将来出现的消息都是利好的，则期权存在就会变得无意义。

（2）增长期权

投资者有投资项目是否进行投资的选择权，看好该投资项目，认为其能带来更多收益，则投资，否则不投资。这样的投资选择权则为增长期权。

（3）退出期权

退出期权根本来看是一种看跌期权。投资者在多种信息作用下，预测到将来一段时期内投资项目有亏损可能时，为规避风险，投资者拥有放弃该项投资所有权以及时止损并取得相应项目残值的选择权，即为退出期权。

（4）学习期权

投资者对影响投资决策所需信息的选择权即为学习期权。获得决策信息本质上是为提升决策的科学合理性，进一步获得更多价值。

4.2　实物期权定价基本模型

现有学者将实物期权定价模型分为两类，分别是连续时间模型和离散时间模型。连续时间模型包括人们比较熟悉的布莱克—斯科尔斯（B－S）公式等。离散时间模型包括二叉树、三叉树等。

（1）布莱克—斯科尔斯（B－S）定价模型

B－S 模型是二叉树模型的特殊情况。即当二叉树模型对欧式权证的定价的树状结构无限延伸，趋近于极限时，就演变成了 B－S 模型。

B－S 模型成立基本假设条件：

①标的物价格服从对数正态分布随机波动。

②在有效期内，有固定无风险利率 r，允许投资者以该利率进行借贷业务。

③没有税收以及交易成本等外部影响因素，所有收益均来自价格变动。

④适用欧式期权，在到期日行使权利。

⑤没有无风险套利机会。

⑥一切价格变动都是均匀连续不间断的运动。

⑦标的物不受买卖约束，可以做空。

B－S模型计算公式为：

$$V = S \times N(d_1) - X \times e^{-n} \times N(d_2)$$

$$d_1 = \frac{\ln(S/X) + (r + \frac{\sigma^2}{2}) \times t}{\sigma \times \sqrt{t}} \qquad (4-1)$$

$$d_2 = d_1 - \sigma \times \sqrt{t}$$

式中，S——目前标的物股票价格；

X——执行价格；

r——无风险利率；

t——期权有效期限；

σ——标的物股票波动率；

$N(d)$——标准正态规律下的累积分布概率函数。

B－S模型公式计算步骤：

①先计算 d_1，d_2；

②查标准正态分布，得到 $N(d_1)$ 和 $N(d_2)$；

③代入公式。

B－S模型受五大变量影响，股票价格（S），执行价格（X），以及期权有效期限 t 可以通过资本市场以及期权合约得到；无风险利率（r）一般采用国库券利率；股票波动率（σ）有两种方法可获得，第一种方法采用历史数据求得收益率标准差，即历史波动率；第二种方法采用隐含波动率计算，即将股价、利率、剩余期限等无法解释因素融入进去确定未来股价波动率。

（2）二项式期权定价模型

二项式期权定价模型是由约翰·考克斯（John Carrington Cox）、斯蒂芬·罗斯（Stephen A Ross）、马克·鲁宾斯坦（Mark Rubinstein）和威廉·夏普（William F Sharpe）等人提出的一种主要用于计算美式期权价值的期权定价模型。虽然二项式的提出相对 B－S 定价模型来说较晚，但却是 B－S 定价模型的逻辑基础。相对 B－S 定价模型理解起来较为简单。

假设标的物的价格在不停地运动当中，且股价波动只有在向上和向下两个方向上运动，运动的概率和幅度保持不变，方可使二项式期权定价模型成立。

例如拥有一股价格为 S 的股票，且离期权到期日有 1 期。在这期间，股票价格有 p 的概率涨到开始价格的 u 倍，也有 $1-p$ 的概率降到开始价格的 d 倍，此时股票的变动情况可以用图 4－1 表示。

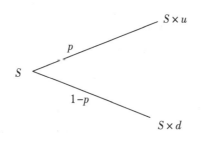

图 4－1 二项式期权定价模型

4.3 实物期权知识产权价值评估模型

实物期权法是在知识产权价值评估过程中，通过引入计算期权价值模型的一种评估方法。对于一项知识产权，知识产权所有者可以控制和利用其知识产权，包含延迟或扩大投资、放弃知识产权以获取残值等权利，也可以依据交易市场环境、发展状况等具体情况做出决策：当市场行情较好时，知识产权所有者就会扩大投资，将知识产权投入产品生产以达到获取超额利润的目的，但此时知识产权所有者只有权利投资并没有相应义务；当市场行情较差时，知识产权所有者有权利而非义务做出延迟或转让知识产权的决策，以规避损失。至于知识产权所有者在什么时间会选择利用知识产权，什么时间选择转让知识产权，根本上是投入与产出的关系，如果预期将产生现金流大于预期投入支出，则会选择执行选择权；相反，则放弃选择权。据此，知识产权除本身所产生的价值外，还包括进行选择决策的价值，使其具有了期权的特性。

投资知识产权可以视为看涨期权，其标的资产是知识产权未来能够产生的现金流，知识产权期权的到期日是知识产权法定寿命（年限）与经济寿命（年限）两者间的最小值，期权执行价格是指知识产权投资成本。由于，在期权到期这段时间里，知识产权所有者可以选择在任意时刻执行期权，而不必等到期权到期日才能执行期权。此时，可以通过采用期权的价值评估方法对知识产权价值进行评估，将期权的特性与知识产权性质相结合，通过金融期权的计算公式确定知识产权价值。

通过实物期权法确定知识产权价值具体程序为：在分析确定影响知识产权收益的多种因素后，考虑知识产权特性以匹配适当的定价模型以准确评估知识产权价值，再根据模型变量计算最终价值。

知识产权期权有知识产权专有性和知识产权价值协同性两种特性。知识产权专有性是在一定程度上，知识产权和实物期权有一定的相似性。知识产权具有专有性，即产权所有人完全拥有利用此项资产的选择权，可以根据市场变化对此项资产进行有控制的变动。而期权也是一种选择权，可以根据市场价格的变动选择自己是否进行标的物资产的交割。知识产权价值协同性是知识产权为无形资产需要依附在实体物质上方能产生收益，即体现知识产权的协同性。例如，先进的技术需要依附在相关的产品上，提高产品质量或者加快生产速度；商标权需要依附在具体产品或公司上，才能让广大消费者认知；著作权需要依附在书籍或报刊上，方能出版发行。所以说当知识产权依附在有形资产上出售后就会形成一定的价值与收入，可以在市场上进行交易。

4.3.1 知识产权实物期权定价模型的建立

知识产权具有期权的基本性质，可以被看成是欧式看涨期权，适用于

B - S 定价模型。

则知识产权实物期权价值 C 为：

$$V = S \times N(d_1) - X \times e^{-n} \times N(d_2)$$

$$d_1 = \frac{\ln(S/X) + (r + \frac{\sigma^2}{2}) \times t}{\sigma \times \sqrt{t}} \qquad (4-2)$$

$$d_2 = d_1 - \sigma \times \sqrt{t}$$

式中，V——知识产权实物期权评估价值；

　　　　S——知识产权有限期内所产生的全部收入现值之和；

　　　　X——知识产权的成本；

　　　　t——知识产权有效期；

　　　　σ——知识产权产品价格波动率；

　　　　r——无风险利率。

4.3.2　参数的确定

（1）知识产权价格确定

由于知识产权没有公开的交易市场，无法得到市场价格，只能通过对未来收入折现得到。产品的预期收入可以通过使用知识产权前后产生的价值差获得，也可以使用分成率法，即企业收益额乘以知识产权的比重得到。

第一，预测未来收入。

未来知识产权收入会受到生产年数、生产数量，以及产权实用性等因素影响。销售数量多，收益大；产权实用性强，收益大。

第二，确定分成率。

由于无形资产依附有形资产的特点，一般产权会通过分成率来进行收益的分离。收益分成率是技术资产对总收益的贡献，即利润分成率等于销售收入分成率除以销售利润率。一般利用边际分析法、约当投资分析法、经验分析法和专家分析法确定分成率。

边际分析法是利用分析评估资产边际贡献因素从而获得利润分成率，在技术产权方面较为广泛应用，而知识产权在实际工作中很难得到边际贡献。

约当投资分析法是转让方技术约当投资与购买方资产约当投资的比例确定分成率，该方法应用于成熟知识产权市场，对新兴知识产权市场暂不适用。

经验分析法是由评估师根据经验进行分成。一般可依据"三分法"和"四分法"。"三分法"即认为利润的获得是由资金、营业能力、技术三方面综合而来，由技术所带来的利润占比总利润的多少，应综合公司状况等因素一同分析确认，一般占总收益的1/3左右。"四分法"认为利润的获得由资金、组织、劳动和技术四方面综合而来，由技术所带来的利润一般占总利润的1/4。

专家分析法是由技术专家、行业管理专家以及市场营销专家确定影响技术收入因素，并对其进行权重设定，根据各个公司对技术影响因素的高低进行打分，最后得出加权分数。计算公式为：$K = M + (N - M) \times R$。其中 K 为待评估知识产权分成率，M 为分成率取值下线，N 为分成率取值上线（小于等于100），R 为分成率调整系数。

第三，确定折现率。

折现是未来价值通过一定的比率折换到现在的价值。在经济活动中，折现率相当于企业的投资回报率，即希望可以获得的收益。投资具有一定风险，所以折现率也具有风险的性质。

在实际情况中，投资回报率通常由无风险利率和风险报酬率组成。无风险利率一般使用国库券利率。风险报酬率，即企业的风险溢价，是考虑未来可能遇到风险的估值。

本书将采用资本资产定价模型对折现率进行估计。其公式为：

$$R_i = R_F + \beta(R_M - R_F) \tag{4-3}$$

式中，R_i——投资回报率，即折现率；

R_F——无风险报酬率，即国库券利率；

R_M——所有股票平均报酬率；

β——波动程度。

第四，确定知识产权的成本。

当企业对知识产权做出决策时，可认为企业执行了该项知识产权所形成的实物期权，即可视为执行价格为投资知识产权的投资成本。知识产权的投资成本可以通过查找历史资料得出。

（2）知识产权有效期

知识产权有效期指在知识产权有效期限内具有获利能力的时间。无形资产经济寿命的评估方法有三种：法定年限法、更新周期法、剩余寿命预测法。

法定年限法指法律、合同规定的有效年限。当剩余法律年限长于剩余经济年限时，需采用其他方法对其进行年限测定。

更新周期法指根据同类知识产权历史数据的更新周期频率来评估其剩余经济年限。其有两大参照，即产品更新周期和技术更新周期。

剩余寿命预测法指专家根据产品市场竞争情况、可代替产品情况等综合因素直接评估剩余经济年限。该种方法需要专家掌握大量经验，且人为因素较多，不易于评估年限。

（3）知识产权价格波动率

波动率，是一种衡量资产价值上卜波动幅度大小的数值。它可以通过历史波动率以及隐含波动率求出。

历史波动率，利用历史数据预测未来发展。历史波动率公式为：

$$\sigma = \sqrt{\frac{\sum (X_i - \overline{X})^2}{N-1}} \tag{4-4}$$

$$X_i = \ln\frac{p_{i+1}}{p_i} \tag{4-5}$$

$$\overline{X} = \frac{1}{N}\sum X_i \tag{4-6}$$

式中，p_i——基期资产价格；

$\qquad p_{i+1}$——当日资产价格；

$\qquad N$——观察值的数量。

隐含波动率，即是将股票价格代入权证理论价格模型，倒推出波动率。利用 B–S 模型将基本变量以及股票价格代入公式，即可求出。

4.4 案例分析

北京 DFYH 技术股份有限公司，是一家集防水材料研发、生产、销售及施工服务于一体的防水行业龙头企业，拥有国家认定企业技术中心、博士后科研工作站，在中国建设 14 家生产基地，主营建筑防水业务。公司投资涉及非织造布、建筑节能、砂浆和能源化工等多个领域。是国家高新技术企业，拥有多项知识产权。

4.4.1 参数指标测算

（1）预测销售收入

销售收入的预测，以该公司 2007—2015 年销售收入情况为基础，计算平均销售收入增长率，见表 4 - 1，并对未来五年收入进行预测，见表 4 - 2。

表 4 - 1 2007—2015 年公司销售收入增长情况 （百万元）

年份 项目	2007	2008	2009	2010	2011	2012	2013	2014	2015
营业收入	484	712	829	1980	2470	2980	3900	5010	5300
防水材料收入占比（%）	80	80	80	80	80	80	82.97	80.1	76.37
防水材料收入	387.20	569.60	663.20	1584.00	1976.00	2384.00	3235.83	4013.01	4047.61
防水材料收入年增长率（%）	—	47.11	16.43	138.84	24.75	20.65	35.73	24.02	0.86

注：表格内数据资料来源于东方财富网。

表4-2　2016—2020年公司销售收入（预测）情况　　　（百万元）

项　　目 ＼ 年份	2016	2017	2018	2019	2020
防水材料收入预测	5185.56	6643.43	8511.17	10904.00	13969.56

（2）预测销售成本

成本的预测，本书将以该公司2007—2015年成本情况为基础，计算平均总成本增长率，见表4-3，并对未来五年成本进行预测，见表4-4。

表4-3　2007—2015年公司销售成本增长情况　　　（百万元）

项　　目 ＼ 年份	2007	2008	2009	2010	2011	2012	2013	2014	2015
营业成本	353.00	510.00	532.00	1410.00	1790.00	2100.00	2580.00	3220.00	3140.00
销售费用	29.94	72.25	106.00	206.00	265.00	308.00	399.00	477.00	653.00
财务费用	5.81	7.61	11.26	30.23	55.52	66.75	69.31	56.84	27.07
管理费用	26.47	55.50	86.48	187.00	230.00	244.00	355.00	513.00	595.00
减值损失	4.84	11.10	5.33	17.21	19.54	30.55	32.78	44.56	68.54
总成本	420.06	656.46	741.07	1850.44	2360.06	2749.30	3436.09	4311.40	4483.61
防水材料成本占有率（%）	80.00	80.00	80.00	80.00	80.00	80.00	82.97	80.10	76.37
防水材料成本	336.05	525.17	592.86	1480.35	1888.05	2199.44	2850.92	3453.43	3424.13
防水材料成本年增长率（%）	—	56.28	12.89	149.70	27.54	16.49	29.62	21.13	-0.85

注：表格内数据资料来源于东方财富网。

表4-4　2016—2020年公司成本（预测）情况　　　（百万元）

项　　目 ＼ 年份	2016	2017	2018	2019	2020
防水材料成本预测	4359.80	5551.14	7068.03	8999.42	11458.57

（3）预测利润

利润的预测，本书将通过对预测收入减去预测成本的方式进行计算得出未来利润，见表4－5。

表4－5　2016—2020年公司利润（预测）情况　　　　（百万元）

项目＼年份	2016	2017	2018	2019	2020
防水材料收入预测	5185.56	6643.43	8511.17	10904.00	13969.56
防水材料成本预测	4359.80	5551.14	7068.03	8999.42	11458.57
防水材料利润预测	825.76	1092.29	1443.14	1904.58	2510.99

（4）确定利润分成率

利润分成率公式：利润分成率＝销售收入分成率／销售利润率

计算利润分成率，需要知道销售收入分成率以及销售利润率，销售利润率可通过利润总额／销售收入得到，销售收入分成率则需要通过 $K = M + (N - M) \times R$ 得到。

销售利润率，我们取近五年的平均销售利润率，见表4－6。

表4－6　2016—2020年公司平均销售利润率情况　　　　（百万元）

项目＼年份	2016	2017	2018	2019	2020
防水材料销售利润率（%）	15.92	16.44	16.96	17.47	17.97
防水材料平均销售利润率（%）	16.95				

求销售收入分成率需要知道 M（分成率的取值下限），N（分成率的取值上限），R（分成率的调整系数）。根据资料显示，防水行业分成率的取值范围为 0.99% ~ 2.97%。

表4－7　无形资产分成率的调整系数

权重	考虑因素	分值栏
0.120	知识产权类型及法律状态	60
0.090	保护措施	60
0.090	侵权判定	80

权重	考虑因素	分值栏
0.050	技术所属领域	60
0.100	代替技术	40
0.100	先进性	40
0.050	创新性	40
0.100	成熟度	80
0.050	应用范围	40
0.050	技术防御力	60
0.200	供求关系	40
调整系数		0.538

根据公式 $K = M + (N - M) \times R$，则拥有知识产权的某型号防水涂料的销售分成率为 $0.99\% + (2.97\% - 0.99\%) \times 0.538 = 2.055\%$。

销售利润率为 16.95%，销售分成率为 2.055%，则利润分成率为 $2.055\% / 16.95\% = 12.12\%$。

（5）确定折现率

根据资本资产定价模型求出企业期望报酬，需要知道 RF 无风险报酬率，即国库券利率，根据资料查找 2015 年五年期国债利率为 5.32%；$1RM$ 所有股票平均报酬率，由于平均报酬率接近 GDP 增长率，现查找 2015 年全国 GDP 增长率为 6.9%；β 系数，通过查找数据定为 1.309。故该公司的期望报酬为 $5.32\% + (6.9\% - 5.32\%) \times 1.309 = 7.39\%$。

（6）确定波动率

本书将利用历史波动率求得波动率。即取当天股票收盘价格作为当天价格，取前一天股票收盘价格作为前一天价格，取两天价格的自然对数，求取所有自然数的标准差，乘以一年中包含时段数量的平方根。本书将采取 2015 年所有交易日的收盘价格为样本。根据历史波动率公式求得波动率为 0.06。

（7）确定收入及成本现值

根据上述计算，知道折现率为 7.39%，假设该公司知识产权有效期为五年。则收入折现，见表 4 - 8 及表 4 - 9。

表4-8　销售收入折现　　　　　　　　　　　（百万元）

项　　目 ＼ 年份	2016	2017	2018	2019	2020
防水材料收入预测	6174.90	7943.63	10218.98	13146.09	16911.62
折现后收入合计	42613.71				

表4-9　成本折现　　　　　　　　　　　　（百万元）

项　　目 ＼ 年份	2016	2017	2018	2019	2020
防水材料成本预测	5361.14	6895.82	8869.83	11408.92	14674.85
折现后成本合计	36985.86				

4.4.2　实物期权法评估

根据公式以及相应参数求得知识产权价值：

$$V = S \times N(d_1) - X \times e^{-n} \times N(d_2)$$

$$d_1 = \frac{\ln(S/X) + (r + \frac{\sigma^2}{2}) \times t}{\sigma \times \sqrt{t}} \tag{4-7}$$

$$d_2 = d_1 - \sigma \times \sqrt{t}$$

表4-10　各参数比例假设关系　　　　　　　　（百万元）

各参数名称	预测方法	数值
S——知识产权有效期内所产生的全部收入现值之和	根据预测收入进行折现	42613.71 × 12.12% = 5164.78
X——知识产权的成本	根据预测成本进行折现	36985.86 × 12.12% = 4482.69
t——知识产权有效期	假设	5
σ——知识产权产品价格波动率	根据股票价格波动	0.06
r——无风险利率	根据国债利率	5.32%

求解得：

$$d_1 = \frac{\ln(6630.69/5755) + (0.0532 + \frac{0.06^2}{2}) \times 5}{0.06 \times \sqrt{5}} \approx 3.11$$

$$d_2 = d_1 - 0.06 \times \sqrt{5} \approx 2.97$$

$$V = 6630.69 \times N(0.29) - 5755 \times e^{-0.0532 \times 5} \times N(0.16) \approx 1729.26$$

4.4.3 敏感性分析

敏感性分析是通过改变自变量大小来确定影响因变量变化程度的一种不确定分析技术。由于初始数据的大小对最终结果有较大影响，所以确定某些影响因素对最终结果有较大影响，具有重大意义。

本书选取市场价格即未来收入折现、期权执行成本即未来成本折现、期权期限即知识产权有效期、无风险利率、股票波动率等五个参数，并设定以正负 10%、20%、30%、40%、50% 为标准进行敏感性分析。

（1）S——知识产权有效期内所产生的全部收入现值之和

表 4-11　未来收入对企业价值的影响情况

参数 S	参数值变动（%）	价值	价值变动（%）
2582.39	-50	2.387140825	-99.86
3098.87	-40	55.47659704	-96.79
3615.35	-30	291.795607	-83.13
4131.82	-20	715.6576116	-58.61
4648.30	-10	1214.83936	-29.75
5164.78	0	1729.259104	0
5681.26	10	2245.561493	29.86
6197.74	20	2762.027693	59.72
6714.21	30	3278.505023	89.59
7230.69	40	3794.982989	119.46
7747.17	50	4311.460988	149.32

根据表 4-11 来分析，企业价值相对参数未来收入呈正相关变动趋势，

且具有较大相关性。

（2）x——知识产权有效期内所花费的全部成本现值之和

表4-12　未来成本对企业价值的影响情况

参数 x	参数值变动（%）	价值	价值变动（%）
2241.35	-50	3446.925494	99.33
2689.61	-40	3103.354593	79.46
3137.88	-30	2759.783692	59.59
3586.15	-20	2416.212918	39.73
4034.42	-10	2072.650124	19.86
4482.69	0	1729.259104	0
4930.96	10	1387.495466	-19.76
5379.23	20	1053.811471	-39.06
5827.50	30	744.0314653	-56.97
6275.77	40	480.7344496	-72.20
6724.04	50	281.575533	-83.72

根据表4-12来分析，企业价值相对参数未来成本呈负相关变动趋势，且具有较大相关性。

（3）t——知识产权有效期

表4-13　知识产权有效期对企业价值的影响情况

参数 t	参数值变动（%）	价值	价值变动（%）
2.5	-50	1240.576567	-28.26
3	-40	1343.606232	-22.30
3.5	-30	1443.913049	-16.50
4	-20	1541.575033	-10.85
4.5	-10	1636.666708	-5.35
5	0	1729.259104	0
5.5	10	1819.420143	5.21
6	20	1907.215058	10.29

参数 t	参数值变动（%）	价值	价值变动（%）
6.5	30	1992.70675	15.23
7	40	2075.956062	20.05
7.5	50	2157.021978	24.74

根据表 4-13 来分析，企业价值相对参数有效期呈正相关变动趋势，且具有较小相关性。

（4）σ——价格波动率

表 4-14　知识产权价格波动率对企业价值的影响情况

参数 σ	参数值变动（%）	价值	价值变动（%）
0.03	-50	1729.070988	-0.01
0.036	-40	1729.071	-0.01
0.042	-30	1729.071579	-0.01
0.048	-20	1729.078742	-0.01
0.054	-10	1729.119295	-0.01
0.06	0	1729.259104	0
0.066	10	1729.606672	0.02
0.072	20	1730.298134	0.06
0.078	30	1731.474561	0.13
0.084	40	1733.262673	0.23
0.09	50	1735.76356	0.38

根据表 4-14 来分析，企业价值相对参数价格波动率呈正相关变动趋势，且具有极小相关性。

（5）r——无风险利率

表 4-15　无风险利率对企业价值的影响情况

参数 r	参数值变动（%）	价值	价值变动（%）
2.66	-50	1244.850473	-28.01
3.19	-40	1345.909037	-22.17

参数 r	参数值变动（%）	价值	价值变动（%）
3.72	−30	1445.064623	−16.43
4.26	−20	1542.083649	−10.82
4.79	−10	1636.834786	−5.34
5.32	0	1729.259104	0
5.85	10	1819.346023	5.21
6.38	20	1907.115385	10.29
6.92	30	1992.604987	15.23
7.45	40	2075.862411	20.04
7.98	50	2156.939997	24.73

根据表 4-15 来分析，企业价值相对参数无风险利率呈正相关变动趋势，且具有较小相关性。

4.4.4 收益法评估

收益法，是指通过一定的折现率对未来净收益值折现得到的。由上述数据可得知，折现率 R 为 7.39%，利润分成率 F 为 12.12%，由于该公司被认为是高新技术产业，满足国家规定减免企业所得税条件，减按 15% 缴纳的企业所得税。

表 4-16　净利润及净利润折现　　　　　　　　　（百万元）

项目 \ 年份	2016	2017	2018	2019	2020
防水材料收入预测	5185.56	6643.43	8511.17	10904.00	13969.56
防水材料成本预测	4359.80	5551.14	7068.03	8999.42	11458.57
防水材料利润预测	825.76	1092.28	1443.13	1904.58	2510.99
防水材料净利润预测	701.89	928.44	1226.66	1618.89	2134.34
知识产权净利润预测	85.07	112.53	148.67	196.21	258.68
知识产权净利润预测现值和	489.77				

4.4.5　实物期权法与收益法比较

通过上述计算可以知道，收益法在计算过程中相对容易，只需要找到该企业由知识产权所带来的销售收入、成本、明确的折现率，将其代入公式即可算出知识产权价值。这种方法虽然较实物期权法容易，但却没有考虑动态因素。价值没有跟随外在因素变动而变动，对知识产权价值的估算具有极大的不准确性。

实物期权法考虑了知识产权独特的期权特征，将两者结合起来就可以很好地避免收益法的缺陷，在不同的波动率下，会产生不同的价值。由于实物期权法与收益法的结合，考虑到了外在因素对价值的影响，这就给管理层提供了很好的决策依据。

第三部分

非市场基准的知识产权
价值评估方法及应用

第5章 基于模糊综合评价方法的
专利价值评估

5.1 模糊综合评价方法在专利价值评估中的应用概述

传统的知识产权价值评估方法及其衍生方法都是以市场为基准的方法，这些方法通过获取较为完善的市场信息进行价值确定，但由于市场信息的不完备，造成这些方法耗时耗力，且主观性较强。近几十年来，国内外广泛采用非市场基准的方法来研究专利价值。非市场基准的专利价值评估方法的基本思路是，基于公共专利数据库中相关信息，应用实证研究方法来分析不同信息与知识产权价值之间的关系。并在此基础上，以知识产权价值影响因素为变量构建专利价值评估模型。

在运用非市场基准的知识产权价值评估方法时，首先要解决的是寻找影响知识产权价值各个因素。目前，此类研究较多，概括起来，影响知识产权价值的因素主要包括知识产权文本的基本特征（如技术宽度、主权项数量、专利长度等）、知识产权的法律度特征（如专利有效性、专利维持费用、专利剩余寿命等）、知识产权的市场关注度特征（如同族数、引用次数、被引次数、许可质押与转移次数等）。在确定知识产权价值影响因素的前提下，再建立价值评估模型并根据该模型对知识产权价值进行预测评估。根据建立知识产权价值评估模型所选用的方法不同，非市场基准的知识产权价值评估方法主要有模糊综合评价法、计量经济学模型法、机器学习与仿真模拟法三大类。

模糊综合评价法是一种基于模糊数学的综合评价方法，通过模糊数学的基本理论以及基本方法，同时综合考虑人的主观判断，对笼统的不清晰的知识产权价值采用量化分析法，进而做出较为科学客观且精确严谨的评价。依据模糊数学里的隶属度理论，综合评价法将定性评价转化为定量评价，运用模糊数学提出整体评价方法。该方法的中心思想是针对指标体系所属的每一个指标获得的评估值经过模糊评估的规范化处理后，得出的分值是一个隶属度向量，对全部指标的隶属度向量实行合成运算，得到评价结果。具体操作步骤如下所述。

①建立评价指标体系，确定评价目标的权重；

②建立评价因素和各因素的隶属度；

③确定单因素评判模糊矩阵后进行综合评价。

模糊综合评价法的优点是简单易操作，但是这种模糊综合评价法得到的结果不是以价值金额形式体现的，得到的往往是价值度的概念，只能作为知识产权运营（转让、质押贷款、许可等）时不同知识产权的比较，而不能作为直接的依据。

5.2 专利价值评估体系及权重确定

5.2.1 专利价值评估体系

影响专利价值的主要因素可分为法律因素、技术因素、经济因素三大一级指标，其中技术因素尤为重要。从技术的成熟性、先进性、原创性三个角度入手，将影响专利价值评估的技术因素细化为专利同族数量、专利引用次数、专利被引次数、专利度等八个二级指标。法律因素可从专利的法律状态、专利时长、稳定性角度入手，将其细化为专利法律状态、专利存在时间、专利剩余寿命、诉讼次数四个二级指标。经济因素则从专利转让和专利维护两个角度考虑，将其分为专利转让方式、转让时间及专利维护费等四个二级指标，见表5-1。

表 5 - 1　专利评估影响因素

指标 体系	一级指标	二级指标
专利价值 评估体系	法律因素	专利法律状态
		专利存在时间
		专利剩余寿命
		专利诉讼次数
	技术因素	第一发明人职称
		第一发明人职务
		专利发明人人数
		第一发明人参与申请的专利数量
		专利度（专利权项数）
		专利引用次数
		专利被引次数
		专利同族数量
	经济因素	专利权受让单位
		专利转让方式
		专利转让时间
		专利维护费

1）法律因素

（1）法律状态

专利的法律状态是申请人提交专利申请后，专利在收入专利数据库的过程中，所处的法律状态。专利的法律状态可分为公开、实质审查、实质审查公开、授权、未缴年费终止专利权。在申请专利的审查过程中，申请人也许会突然放弃专利的申请或者专利申请被专利局驳回，例如专利申请的"公开""实质审查"等处于等待审查和审查过程中的情况。在这种情况下，专利的法律状态并不是很稳定，因为在初期的审查过程中，可能会存在撤回申请或者视为撤回申请的操作。而审查之后的"授权"状态则是较为稳定的法律状态。

（2）专利时长

考虑到技术更新的速度，为了促进工业及科学技术的不断更新发展，同时为了防止对专利权的滥用，因此设立专利的保护年限。在专利被授权后，从专利的申请日计入专利存在时间，专利授权的剩余寿命（年限数）以专利保护的最后期限为终点。专利存在时间和专利剩余寿命越长，专利受保护期限越长，其专利价值越大。

（3）稳定性

对法律方面的稳定性，可以通过诉讼次数以及诉讼的结果来判定。当某一项专利被侵权时，专利申请人可以通过专利被侵权的证据，对侵权人进行法律诉讼。因此诉讼次数越多的专利，说明其被利用的频次越高，并且引用时很容易造成对专利的侵权行为，所以诉讼次数越多，专利价值越高，诉讼的胜诉越多，对专利维护的情况越完善，其价值也越高。

2）技术因素

我国目前有三种专利类型，分别是发明型专利、实用新型专利和外观设计专利。这三种专利类型都各有侧重点和特点，其中最为主要的是发明专利，其技术含量最高，但在实际生活中运用最广泛的却是实用新型专利。相比较而言，发明专利的创新性更高，实用新型专利则是实用性更强，外观设计专利则更注重美观性。

（1）成熟性

专利度即权利主权项数，是专利申请人请求保护专利权利的项目和数量，具有法律效力的同时，也是专利申请的核心。我国《专利法》第五十九条规定，申请发明或者实用新型专利时，权利要求书是必须提交的申请文件。文件中的专利保护范围由权利要求数决定。在申请专利的申请书中，权利要求数多少可以体现申请人策略性布局的大小。一件专利申请的权利要求可以有多项，获批后，专利局对每项权利按年度进行收费。因此，专利申请人如果愿意花费更多的资金对专利进行保护，在一定程度上，也说明了该专利的价值越高。因而得出，专利的权利要求数量越多，专利的保护范围越大，其专利价值也就越高。据中国专利信息中心公布的信息，2019 年北京市发明授权专利权利要求数量超过 10 项的占 26%。权利要求数量最多为 218 项。

判断技术的成熟性可以从专利说明书入手。专利说明书在一定程度上可以反映专利的质量，专利说明书对专利的产品结构及生产方式、专利所占的技术领域、采用的技术手段、取得的技术效果、使用方式等相关因素会做出清晰及完备的解释。专利说明书页数越多，对该专利阐述的技术越完备，相应的专利技术公开越充分，专利质量越高。但非专业人士对专利说明书的技术性难以判断，因此在本书的研究中，不纳入因素指标中。

（2）先进性

专利引用次数，指在发明该项专利时，对已有专利技术或专利文献的参考和引用。当一件专利引用大量其他专利，那么，这项专利极有可能包含一种重要的技术发展趋势，或者与先前学者的研究有密切关联，将本领域的技术或者理论进行集中，并进行更加深入的研究探索。如果新发明的专利是一栋高楼，那么引证的内容就是盖楼必不可少的地基，并且地基越稳，建筑越稳。因此，专利引用次数越多，认为该专利的价值就越高。

专利被引次数，指专利被授权后，被后来发明的专利所引用的次数。专利被授权后，若某一项专利被引用次数越多，说明该项专利在其所属领域，具有一定的先进性。一项专利被引次数越高，说明该专利的技术性越高，也就证明该专利的价值越高；相反，专利的被引次数越少，专利的价值越低。

同族专利数也体现技术的先进性。随着时代和科学技术的不断发展，会不断出现各种各样的技术更先进的新型技术，来取代现有的技术，同族专利数越多，说明相近似领域中可代替此项技术的其他专利越多，该技术越容易被代替，因此同族专利数越多，可能该项专利价值越低。同族专利数越少，则专利价值越高。

（3）原创性

专利发明人数量和专利技术质量高度正相关，发明人数量常常被选作衡量专利质量的一个指标。专利发明人是指对发明创造的实质性特点做出创造性贡献的人。一般情况下，一项发明专利的发明人数越多，说明相关研究机构或者企业，投入了更大财力、物力、人力资源等，专利研发团队可贡献的智力、体力就越多，凝结在专利中的研发成本就越高，也说明对该专利的重视程度较大，认为它有较大的发展前景。同时也间接体现该项专利有较高的价值。因此，专利发明人数越多，说明其专利价值越大。

3）经济因素

（1）专利转让

专利转让可分为转让时间、转让方式及是否有专利权受让单位。专利的转让日期越早，专利越能被社会所重视，能带来的专利价值也越大，因而其专利的价值也就越高。

专利的转让方式可分为专利申请权的转让和专利权的转让，转让专利申请权是指，专利申请人向国家知识产权局提请专利申请后，但在专利未授权的状态下，转让给他人的行为，称为专利申请权的转让，意义在于只是将针对此专利继续进行申请的权利进行转让。专利权转让是专利申请权人和专利权人把专利申请权和专利权一起转让。

（2）专利维护费

专利只有在定期支付专利维护费的情况下才能继续受到保护，专利分为三类，发明、实用新型和外观设计。发明专利的保护年限为 20 年，实用新型和外观设计的保护年限为 10 年。专利权人衡量专利所可能产生的经济价值后，决定是否缴纳专利维护费，国家根据专利法对缴纳年费的专利进行保护，这是世界各国专利制度的普遍做法。专利维护费越高，专利权人对专利所能带来的经济效益越有自信，意味着专利价值也越高。

5.2.2　权重确定

从专利影响因素指标体系中可以看出，影响专利价值的因素是多层次、多因素的，各个指标的权重确定，是保证正确分析的重要步骤。层次分析法是一个便利、灵活、实用的多种因素权重决策方法。

具体步骤如下：第一，对专利价值评估进行层次化分析处理，将问题细化为小指标，分析出各个小指标之间存在的关联性，从而进行层次归纳总结，并构建多层次结构图；第二，根据层次分析法确定一级指标和二级指标各因素的权重。确定判断矩阵，并根据判断矩阵计算因素指标权重，并进行一致性检验；第三，根据结构分析模型和计算所得权重，完善模型。

1) 确立层次结构图

将专利价值作为决策的目标，以法律、技术、经济因素作为决策准则，各个因素指标作为决策对象，并按它们之间的相互关系分层级，确立层次结构图。专利价值评估指标体系，见表 5-2。

表 5-2　专利价值评估指标体系

价值 ＼ 指标	一级指标	二级指标
专利价值（PV）	法律因素（A1）	A11 专利法律状态
		A12 专利存在时间
		A13 专利剩余寿命
		A14 专利诉讼次数
	技术因素（A2）	A21 第一发明人职称
		A22 第一发明人职务
		A23 专利发明人人数
		A24 第一发明人参与申请的专利数量
		A25 专利度
		A26 专利引用次数
		A27 专利被引次数
		A28 专利同族数量
	经济因素（A3）	A31 专利权受让单位
		A32 专利转让方式
		A33 专利转让时间
		A34 专利维护费

2) 确定权重

根据已建立的层次结构模型，分别对同一层次的指标进行两两比较，确定同级指标中彼此的相对重要性，并利用托马斯·塞蒂的"1-9 标度法"，利用数字 1 至 9 及其倒数来评判两个因素之间相对重要程度，见表 5-3。

表 5-3　标度含义

标度	含义
1	两个指标相比，同等重要
3	两个指标相比，一个稍微重要
5	两个指标相比，一个明显重要
7	两个指标相比，一个强烈重要
9	两个指标相比，一个极端重要
2、4、6、8	两个指标相比，一个重要性在上述描述之间

对矩阵进行归一化处理后，进行一致性检验衡量判定矩阵偏离一致性的指标 CI，其公式为：

$$CI = \frac{W\max - n}{n - 1} \qquad (5-1)$$

计算随机一致性比率 CR，其公式为：

$$CR = \frac{CI}{RI} \qquad (5-2)$$

其中，RI 为平均随机一致性指标的标准值，见表 5-4。

表 5-4　RI 标准值

矩阵阶数	1	2	3	4	5	6	7	8
RI	0	0	0.58	0.9	1.12	1.24	1.32	1.41

当 $CR < 0.1$ 时，即认为判断矩阵 A 满足一致性，否则需要调整判断值，直到通过一致性检验为止。

（1）一级指标权重及一致性检验

对一级指标之间的重要性进行判定，得到判断矩阵，见表 5-5。

表 5-5　一级指标判断矩阵

PV	A1	A2	A3
A1	1	1/3	1/2
A2	3	1	2
A3	2	1/2	1

对判断矩阵进行归一化处理，得到指标权重集：$W = [\,0.4913,$ $1.6169,\ 0.8918\,]$

计算其特征向量：$W1 = [\,0.1638,\ 0.5390,\ 0.2973\,]^{\mathrm{T}}$

计算最大特征根：

$$BW1 = \begin{bmatrix} 1 & \dfrac{1}{3} & \dfrac{1}{2} \\ 3 & 1 & 2 \\ 2 & \dfrac{1}{2} & 1 \end{bmatrix} \times \begin{bmatrix} 0.1638 \\ 0.5390 \\ 0.2973 \end{bmatrix} = \begin{bmatrix} 0.4921 \\ 1.6248 \\ 0.8943 \end{bmatrix}$$

$$\lambda_{\max} = \frac{0.4921}{0.4913} + \frac{1.6248}{1.6169} + \frac{0.8943}{0.8918} \approx 3.0092$$

$$CI = (\,W_{\max} - n\,) \,/\, (\,n-1\,) \approx 0.0046$$

$$CR = CI/RI = 0.0046/0.58 \approx 0.0079$$

$CR < 0.1$，因此评判矩阵具有满意的一致性，因此一级指标中各因素权重为：法律因素 $A1 = 0.1638$，技术因素 $A2 = 0.5390$，经济因素 $A3 = 0.2973$。

（2）法律因素下指标权重及一致性检验

对法律因素下各指标之间的重要性进行判定，得到判断矩阵，见表 5-6。

表 5-6　法律因素下各指标判断矩阵

A1	A11	A12	A13	A14
A11	1	1/2	3	5
A12	2	1	3	5
A13	3	1/3	1	2
A14	1/5	1/5	1/2	1

对判断矩阵进行归一化处理，得到指标权重集：$W = [\,1.3135,$ $1.8425,\ 0.5455,\ 0.2986\,]$

计算其特征向量：$W1 = [\,0.3284,\ 0.4606,\ 0.1364,\ 0.0746\,]^{\mathrm{T}}$

计算最大特征根：

$$BW1 = \begin{bmatrix} 1 & \dfrac{1}{2} & 3 & 5 \\ 2 & 1 & 3 & 5 \\ \dfrac{1}{3} & \dfrac{1}{3} & 1 & 2 \\ \dfrac{1}{2} & \dfrac{1}{5} & \dfrac{1}{2} & 1 \end{bmatrix} \times \begin{bmatrix} 0.3284 \\ 0.4606 \\ 0.1364 \\ 0.0746 \end{bmatrix} = \begin{bmatrix} 1.3410 \\ 1.8997 \\ 0.5486 \\ 0.3006 \end{bmatrix}$$

$$\lambda_{max} = \frac{1.3410}{1.3135} + \frac{1.8997}{1.8425} + \frac{0.5486}{0.5455} + \frac{0.3006}{0.2986} \approx 4.0647$$

$$CI = (W_{max} - n) / (n-1) \approx 0.0216$$

$$CR = CI/RI = 0.0216/0.9 \approx 0.0240$$

$CR < 0.1$，因此评判矩阵具有满意的一致性，因此法律因素下各个二级指标权重为：专利法律状态 $A11 = 0.3284$，专利存在时间 $A12 = 0.4606$，专利剩余寿命 $A13 = 0.1364$，专利诉讼次数 $A14 = 0.0746$。

（3）技术因素下指标权重及一致性检验

对技术因素下各指标之间的重要性进行判定，得到判断矩阵，见表5-7。

表5-7　技术因素下各指标判断矩阵

A2	A21	A22	A23	A24	A25	A26	A27	A28
A21	1	5	1/3	1/2	1/3	2	3	5
A22	1/5	1	1/5	1/5	1/5	1/3	1/2	2
A23	3	5	1	2	1/2	3	5	5
A24	2	5	1/2	1	1/3	3	5	5
A25	3	5	2	3	1	5	5	5
A26	1/2	3	1/3	1/3	2	1	2	3
A27	1/3	2	1/5	1/5	1/5	1/2	1	3
A28	1/5	1/2	1/5	1/5	1/5	1/3	1/3	1

对判断矩阵进行归一化处理，得到指标权重集：$W = [0.9776,$

$0.3074, 1.7285, 1.3351, 2.3732, 0.6052, 0.4265, 0.2464]$

计算其特征向量：$W1 = [0.1222, 0.0394, 0.2161, 0.1669, 0.2966,$

$0.0757, 0.0533, 0.0308]^{\mathrm{T}}$

计算最大特征根：

$$BW1 = \begin{bmatrix} 1 & 5 & \frac{1}{3} & \frac{1}{2} & \frac{1}{3} & 2 & 3 & 5 \\ \frac{1}{5} & 1 & \frac{1}{5} & \frac{1}{5} & \frac{1}{5} & \frac{1}{3} & \frac{1}{2} & 2 \\ 3 & 5 & 1 & 2 & \frac{1}{2} & 3 & 5 & 5 \\ 2 & 5 & \frac{1}{2} & 1 & \frac{1}{3} & 3 & 5 & 5 \\ 3 & 5 & 2 & 3 & 1 & 5 & 5 & 5 \\ \frac{1}{2} & 3 & \frac{1}{3} & \frac{1}{3} & 2 & 1 & 2 & 3 \\ \frac{1}{3} & 2 & \frac{1}{5} & \frac{1}{5} & \frac{1}{5} & \frac{1}{2} & 1 & 3 \\ \frac{1}{5} & \frac{1}{2} & \frac{1}{5} & \frac{1}{5} & \frac{1}{5} & \frac{1}{3} & \frac{1}{3} & 1 \end{bmatrix} \times \begin{bmatrix} 0.1222 \\ 0.0384 \\ 0.2161 \\ 0.1669 \\ 0.2966 \\ 0.0757 \\ 0.0533 \\ 0.0308 \end{bmatrix} = \begin{bmatrix} 1.0340 \\ 0.3123 \\ 1.9045 \\ 1.4579 \\ 2.5871 \\ 0.6381 \\ 0.4371 \\ 0.2534 \end{bmatrix}$$

$$\lambda_{\max} = \frac{1.0340}{0.9776} + \frac{0.3123}{0.3074} + \frac{1.9045}{1.7285} + \frac{1.4579}{1.3351} + \frac{2.5871}{2.3732} + \frac{0.6381}{0.6052} +$$

$$\frac{0.4371}{0.4265} + \frac{0.2534}{0.2464} \approx 8.4644$$

$CI = (W_{\max} - n) / (n - 1) \approx 0.0663$

$CR = CI/RI = 0.0663/1.41 \approx 0.0471$

$CR < 0.1$，因此评判矩阵具有满意的一致性，因此技术因素下各个二级指标权重为：第一发明人职称 $A21 = 0.1222$，第一发明人职务 $A22 = 0.0384$，专利发明人人数 $A23 = 0.2161$，第一发明人参与申请的专利数量 $A24 = 0.1669$，专利度 $A25 = 0.2966$，专利引用次数 $A26 = 0.0757$，专利被

引次数 $A27 = 0.0533$，专利同族数量 $A28 = 0.0308$。

（4）经济因素下指标权重及一致性检验

对经济因素下各指标之间的重要性进行判定，得到判断矩阵，见表 5 - 8。

表 5 - 8　经济因素下各指标判断矩阵

$A3$	$A31$	$A32$	$A33$	$A34$
$A31$	1	1/3	1/5	1/2
$A32$	3	1	1/3	2
$A33$	5	3	1	3
$A34$	2	1/2	1/3	1

对判断矩阵进行归一化处理，得到指标权重集：$W = [0.3440,$ $0.9659, 2.0724, 0.6176]$

计算其特征向量：$W1 = [0.0860, 0.2415, 0.5181, 0.1544]^{\mathrm{T}}$

计算最大特征根：

$$BW1 = \begin{bmatrix} 1 & \dfrac{1}{3} & \dfrac{1}{5} & \dfrac{1}{2} \\ 3 & 1 & \dfrac{1}{3} & 2 \\ 5 & 3 & 1 & 3 \\ 2 & \dfrac{1}{2} & \dfrac{1}{3} & 1 \end{bmatrix} \times \begin{bmatrix} 0.0860 \\ 0.2415 \\ 0.5181 \\ 0.1544 \end{bmatrix} = \begin{bmatrix} 0.3473 \\ 0.9810 \\ 2.1358 \\ 0.6198 \end{bmatrix}$$

$$\lambda_{\max} = \frac{0.3473}{0.3440} + \frac{0.9810}{0.9659} + \frac{2.1358}{2.0724} + \frac{0.6198}{0.6176} \approx 4.0060$$

$$CI = (W_{\max} - n) / (n - 1) \approx 0.0020$$

$$CR = CI/RI = 0.0020/0.9 \approx 0.0022$$

$CR < 0.1$，因此评判矩阵具有满意的一致性，因此经济因素下各个二级指标权重为：专利权受让单位 $A31 = 0.0860$，专利转让方式 $A32 = 0.2415$，专利转让时间 $A33 = 0.5181$，专利维护费 $A34 = 0.1544$。

整理上述计算过程，得到各项指标最终的权重，见表 5 - 9。

表 5 - 9　各项指标最终的权重

指标价值	一级指标	一级指标权重	二级指标	二级指标权重
专利价值	法律因素	0.1638	A11 专利法律状态	0.3284
			A12 专利存在时间	0.4606
			A13 专利剩余寿命	0.1364
			A14 专利诉讼次数	0.0746
	技术因素	0.5390	A21 第一发明人职称	0.1222
			A22 第一发明人职务	0.0384
			A23 专利发明人人数	0.2161
			A24 第一发明人参与申请的专利数量	0.1669
			A25 专利度	0.2966
			A26 专利引用次数	0.0757
			A27 专利被引次数	0.0533
			A28 专利同族数量	0.0308
	经济因素	0.2973	A31 专利权受让单位	0.0860
			A32 专利转让方式	0.2415
			A33 专利转让时间	0.5181
			A34 专利维护费	0.1544

5.3　基于模糊综合评价方法的专利价值评估实证研究

5.3.1　数据采集

本小节从国家知识产权局以及合享新创官网中采集数据。数据收集了 2002—2018 年专利的申请并转让，有记载转让金额的专利，并对这些专利的权利要求数、诉讼次数、专利权人数、专利被引次数、法律状态、专利同族数、专利发明人数等因素进行信息收集，以确保数据的有效性和真实性，经过筛选，最终得到 250 条专利信息数据。

对专利的法律状态进行统计，见表 5 – 10。根据统计结果可以看出处于授权状态的专利占大部分，只有 2.8% 的专利处于未授权状态。

表 5 – 10   专利法律状态统计

专利法律状态	专利数（个）	占比（%）
专利权终止	5	2.0
实质审查	2	0.8
授权	243	97.2
合计	250	100

对专利发明人数进行统计，见表 5 – 11。根据统计结果可以看出发明人数集中于 2~6 人，共有专利数 205 个，总占比达到数据样本的 82.0%。其中发明人数为 3~5 人的专利更为聚集。

表 5 – 11   专利发明人数统计

发明人数量（人）	专利数（个）	占比（%）
1	16	6.4
2	35	14.0
3	46	18.4
4	48	19.2
5	45	18.0
6	31	12.4
7	10	4.0
8	9	3.6
9	6	2.4
10	3	1.2
13	1	0.4
合计	250	100

对专利的主权项数进行统计。见表 5 - 12。根据统计结果可以看出专利主权项数主要分布在 1 ~ 10 个的区间内，且占比近似，大于 10 的主权项数专利较少。

表 5 - 12　专利主权项数统计

主权项数量（项）	专利数（个）	占比（%）
1	25	10. 0
2	26	10. 4
3	28	11. 2
4	30	12. 0
5	30	12. 0
6	24	9. 6
7	21	8. 4
8	26	10. 4
9	20	8. 0
10	18	7. 2
14	2	0. 8
合计	250	100

对于诉讼次数，在 250 条样本数据中，诉讼次数均为 0。

同族专利数为 1 的专利共计 15 个，占比 6.0% ，同族专利数为 3 的专利共计 5 个，占比 2.0% ，绝大部分同族专利数为 2，共计 230 个，占比 92.0% 。

专利转让有专利权受让单位的专利共计 229 个，占比 91.6% ，未填写受让单位的共计 21 个，占比 8.4% 。

按专利转让年份划分专利转让日期，2019 年转让 48 项专利，占比 19.2% ；2018 年转让 94 项专利，占比 37.6% ；2017 年转让 73 项专利，占比 29.2% ；2016 年转让 31 项专利，占比 12.4% ；2014—2015 年转让 4 项专利，占比 1.6% 。

对专利的转让方式进行统计，见表 5 - 13。根据统计结果可以看出，专利权转让共计 228 个，占比 91.2% ，其余三种转让方式共占比 8.8% 。

表5-13　专利转让方式统计

转让方式	专利数（个）	占比（%）
部分专利申请权转让	2	0.8
部分专利权转让	10	4.0
专利申请权转让	10	4.0
专利权转让	228	91.2
合计	250	100

5.3.2　专利价值评估

通过对指标进行赋值，见表5-14，并结合各指标的权重，对专利的综合价值度进行评估。

表5-14　指标的赋值

	二级指标	0	1	2	3	4	5
A11	专利法律状态	—	专利权终止	—	实质审查	—	授权
A12	专利存在时间	—	[1, 3)	[3, 6)	[6, 9)	[9, 12)	≥12
A13	专利剩余寿命	—	[0, 60)	[60, 120)	[120, 180)	[180, 240)	≥240
A14	专利诉讼	—	无	—	—	—	—有
A21	第一发明人职称	—	在读学生	初级	中级	副高级	高级
A22	第一发明人职务	—	无职务				有职务
A23	专利发明人人数	—	[1, 3)	[2, 6)	[4, 9)	[6, 12)	≥12
A24	第一发明人参与申请的专利数量	—	[1, 50)	[50, 100)	[100, 150)	[150, 200)	≥200
A25	专利度	—	[1, 3)	[3, 6)	[6, 9)	[9, 12)	≥12
A26	专利引用次数	—	0	(0, 5)	[5, 10)	[10, 15)	≥15
A27	专利被引次数	—	0	(0, 8)	[8, 16)	[16, 24)	≥24
A28	专利同族数量	—	[0, 2)		[2, 4)	—	≥4
A31	专利权受让单位	—	无	—	—	—	有
A32	专利转让方式	—	部分专利申请权转让	部分专利权转让		专利申请权转让	专利权转让

续表

	二级指标	0	1	2	3	4	5
A33	专利转让时间	2019 年	2018 年	2017 年	2017 年	2015 年	2014 年
A34	专利维护费	—	外观设计专利	—	实用新型专利	—	发明专利

专利综合价值度（*PV*）= 法律价值 + 技术价值 + 经济价值 = A1 + A2 + A3

$A1 = 0.1638 \times (A11 \times 0.4606 + A12 \times 0.3284 + A13 \times 0.1364 + A14 \times 0.0746)$

$A2 = 0.5390 \times (A21 \times 0.1222 + A22 \times 0.0384 + A23 \times 0.2161 + A24 \times 0.1669 + A25 \times 0.2966 + A26 \times 0.0757 + A27 \times 0.0533 + A28 \times 0.0308)$

$A3 = 0.2973 (A31 \times 0.0860 + A32 \times 0.2415 + A33 \times 0.5181 + A34 \times 0.1544)$

根据专利的转让价格，以 0 ~ 3 万元、3 万 ~ 8 万元、8 万元及以上作为价格界限，将转让价格分为中、低、高三个等级，见表 5 - 15。

表 5 - 15 专利转让价格等级对应表　　　　　　　　（万元）

价格等级	低	中	高
转让价格区间	[0 ~ 3)	[3 ~ 8)	≥8

对 200 个数据样本进行按等级划分，分布情况见表 5 - 16。统计显示低、高等级价格专利数量占比均为 30% 左右，中等级价格专利约占比 40%，专利价格等级分布较为均匀。

表 5 - 16 专利综合价值统计

专利价格等级	专利数量（个）	占比（%）
低	65	26.0
中	105	42.0
高	80	32.0

通过对样本数据进行综合价值度的计算，并按等级分别以综合价值度

为根据，进行从低至高的排序，从而得出不同价格等级的价值度区间。

低价格等级专利的专利价值度小于2.50，中等级价格专利价值度区间为2.56~2.95，高等级价格专利价值度大于2.95。专利综合价值度计算结果，见表5-17。

表5-17　专利综合价值度计算

专利（申请）号	价格等级	转让金额（万）	综合价值度
201520095801.0	低	0.3	2.23
201721777629.2	低	0.5	2.12
201310133575.6	低	1	1.77
201610547157.5	低	1	2.28
200910142084.1	低	1	2.28
…	…	…	…
201310470918.8	低	2	2.35
201310700607.6	低	2	2.40
201310284606.8	低	2	2.42
201110310162.1	低	2.5	2.43
201610012971.7	低	2.5	2.50
专利（申请）号	价格等级	转让金额（万）	综合价值度
201210235402	中	3	2.56
201010191281.5	中	3	2.69
200710025573.X	中	5	2.72
201410068695.7	中	5	2.73
200910193529.9	中	5	2.73
…	…	…	…
201410166469.2	中	5	2.84
200610123914.2	中	5	2.87
201510274988.5	中	5	2.88
200910193522.7	中	5	2.88
200810220205.5	中	7	2.91
201010132493.6	中	7	2.95

专利（申请）号	价格等级	转让金额（万）	综合价值度
200710031096.8	高	8	2.94
201610025390.7	高	8	3.03
…	…	…	…
200510101678.X	高	10	3.22
201010210850.6	高	10	3.24
201210559329.2	高	10	3.23
200910038326.2	高	10	3.31
200910192224.6	高	10	3.33
201310385133	高	10	3.36
201310292436.8	高	10	3.47

5.3.3　评估结果检验

根据价格等级及综合价值度对照区间表，见表 5 - 18。对 250 项专利按等级分别进行验证。

表 5 - 18　价格等级及综合价值度对照区间

价格等级	低等级	中等级	高等级
综合价值度区间	(0, 2.55]	(2.55, 2.87)	≥2.87

通过验证低等级价格专利共计 65 项，符合（0 ~ 2.55］区间内的专利共 54 项，不符合的为 11 项，低等级价格的验证准确率达 83.1%，见表 5 - 19。

表 5 - 19　低等级价格对照区间验证过程

序号	专利（申请）号	综合价值度	价格等级
1	201310133575.6	1.775	低
2	201310703640.4	1.891	低
3	201510766519.5	1.919	低
4	201510200953.7	1.970	低

序号	专利（申请）号	综合价值度	价格等级
…	…	…	…
52	201210389310.8	2.538	低
53	201410237062.4	2.539	低
54	201510271499.4	2.541	低
55	201310033988.7	2.575	低
56	201310558429.8	2.598	低
…	…	…	…
63	201310324826.9	2.743	低
64	201510100653.1	2.753	低
65	201510216778	2.770	低

在对中等级价格的专利共计 105 项的验证过程中，符合（2.55 ~ 2.87）区间的专利共计 66 项，不符合区间的专利为 39 项，准确率为 62.9%，见表 5－20。

不符合中等级区间的 39 项专利中，20 项高于区间标准的专利，19 项专利低于区间标准，这 19 项中专利转让价格均位于 6 万元以下，其中专利转让价格为 5 万元的共计 11 项。

表 5－20　中等级价格对照区间验证过程

序号	专利（申请）号	综合价值度	价格等级
1	201510336483.7	2.231	中
2	201410460024.5	2.233	中
…	…	…	…
17	201310629626.4	2.466	中
18	201410691383.1	2.497	中
19	201621347117.8	2.533	中
20	201310520212.8	2.554	中
21	201410809342.8	2.557	中

续表

序号	专利（申请）号	综合价值度	价格等级
…	…	…	…
84	200610123914. 2	2. 869	中
85	201510274988. 5	2. 876	中
86	200910193522. 7	2. 885	中
87	200810220205. 5	2. 907	中
88	200610123761. 1	2. 915	中
…	…	…	…
104	201210559329. 2	3. 071	中
105	201310297390. 9	3. 094	中

通过对高等级价格共计 80 项专利的验证，见表 5 - 21。符合 2. 87 及以上区间范围的专利共计 41 项，准确率为 51. 3%，不符合区间的专利为 39 项。其中 28 项专利的转让金额为 8 万 ~ 15 万元，并且价值度分布在 2. 57 ~ 2. 86 之间。

表 5 - 21　高等级价格对照区间验证过程

序号	专利（申请）号	综合价值度	价格等级
1	201611100835. X	2. 565	高
2	200710066853. 5	2. 569	高
…	…	…	…
39	201310123155. X	2. 869	高
40	201110310456. 4	2. 870	高
41	201110310456. 4	2. 870	高
42	200810027025. 5	2. 876	高
43	201510496343. 6	2. 881	高
…	…	…	…
77	201210501165. 8	3. 356	高
78	201310322710. 1	3. 403	高

知识产权质押融资：价值评估

续表

序号	专利（申请）号	综合价值度	价格等级
79	201110250190.9	3.439	高
80	201310292436.8	3.471	高

若将原有专利转让金额的等级放宽至 0 ~ 6 万元为低等级，3 万 ~ 15 万元为中等级，8 万元及以上为高等级，则调整后的等级对照表，见表 5 - 22。

表 5 - 22　放宽标准后等级对照表

价格等级	低等级	中等级	高等级
专利转让金额（万元）	0 ~ 6	3 ~ 15	≥8
综合价值度区间	(0, 2.70]	(2.40, 2.94)	≥2.76

放宽标准后，总体的准确率达到 70.3% 。

低等级价格共 171 项专利，其中符合低等级区间的有 113 项，不符合的共计 58 项，准确率为 66.1% 。中等级价格共计 166 项专利，符合区间的专利有 119 项，不符合的为 47 项，准确率为 71.7% 。高等级区间共 80 项专利，符合区间的专利有 61 项，不符合的为 19 项，准确率为 76.25% 。

通过从国家知识产权局以及合享新创官网中收集的 2002—2018 年申请并转让，有记载转让金额的专利共计 250 条，对这些专利的专利发明人数、权利要求数、诉讼次数、专利被引次数、专利引用次数、专利的法律状态等因素进行初步收集，并统计数据分布情况。根据专利申请日及专利到期日，进行再处理得出专利存在时间及专利剩余寿命。根据已确定的指标体系及赋值标准对各项指标进行评分。结合权重，计算各指标的价值，并最终得出专利的综合价值度。通过转让金额划分专利价格等级，确定专利价值度的区间，并对区间进行验证。通过验证比对，本章所构建的基于模糊综合评价的专利评估模型具备一定合理性和实用性。

5.4　小结

本章从影响专利价值的法律、技术、经济三大方面入手，并结合主观因素和客观因素两个方面选择 18 个影响专利价值的二级指标因素。通过构建评判矩阵，确定各因素的权重，并对各个指标的评分进行赋值，以此对专利的综合价值度进行评估，并根据评估结果确定不同价格等级的专利价值度区间。最后对评估结果进行检验，证明所构建的基于模糊综合评价的专利价值评估模型具有一定的合理性。

当然，该模型也存在一定的不足之处。第一，不同国家对专利的重视程度不同，本章只选取了基于本国国情及经济、社会背景下的部分专利进行实证，不具备普适性。第二，该模型是基于国家知识产权局等权威网站公布的专利信息所构建的，对于未公布的信息，是否会对专利价值造成影响不得而知。因此，建立完整、权威、可靠的专利交易数据库，收录专利的不同数据，并做到最大程度的公开，确保专利的公开透明，对专利价值评估至关重要。

第6章 基于线性回归模型的专利价值评估

6.1 多元线性回归基本理论

在计量经济学中，回归分析是最为广泛应用的一种传统分析方式，按照不同依据划分可以有不同的种类：以不同变量之间的相关性为依据划分可以将回归分析分为线性回归及非线性回归；以模型构建时解释变量的数目为依据划分可以将回归分析分为一元回归及多元回归。当仅有唯一解释变量对被解释变量有影响时，一般采用一元线性回归，当解释变量大于一个时，则采用多元线性回归。回归分析并不是在完成构建模型得出结论后就可以直接运用，还需要经过多种检验，控制误差在一定范围内后才能运用到实际中。

线性回归主要研究的内容是在分析一个或以上解释变量同被解释变量间关系的基础上，构建模型。通过建立模型，明确这些变量之间的关系，了解是否相关，及其相关性是怎么样的，不仅如此，构建模型后还能进行某一变量的预测。

在实际社会活动过程中，一个被解释变量并不能只通过一个解释变量就能得到十分精准的预测，现实活动中通常一个变量会与较多的其他变量有或强或弱的相关度，从而产生主次要素，有些次要因素虽然相对较为次要但其影响是不能忽视的。如知识产权价值会受到知识产权文本基本特征的影响，同时还受到发明人、知识产权法律度特征、知识产权市场关注度等多类因素的影响。由此看来，采用一元线性回归是不适合用于知识产权价值评估预测的，而相对于一元线性回归解释变量单一的局限，多元线性回归则更为适合。

6.2　多元线性回归模型及基本假设

多元线性回归分析中存在多于一个的解释变量，并不能直接判断这些解释变量与被解释变量之间存在线性相关关系，第一步要通过简单绘制众多解释变量与被解释变量的散点图，直观感受是否存在明显的线性相关关系。只有确定解释变量与被解释变量存在明显的线性相关关系，才能进行接下来的多个步骤，完成多元线性回归分析。

多元线性回归分析是常应用于经济学领域的重要方法，基本形式为：

$$Y = \beta_0 + \beta_1 X_1 + \beta_2 X_2 + \cdots + \beta_n X_n + e \qquad (6-1)$$

其中：Y 代表被解释变量；X_1，X_2，$\cdots$，X_n 代表影响被解释变量的解释变量，一共有 n 个解释变量；β_0，β_1，β_2，$\cdots$，β_n 代表回归系数，就是待估参数，β_0 是常数项，β_1 是当除 X_1 以外的其他解释变量固定，每增加一个单位 X_1 对 Y 的影响，以此类推 β_2 是当除 X_2 以外的其他解释变量固定，每增加一个单位 X_2 对 Y 的影响……β_n 是当除 X_n 以外的其他解释变量固定，每增加一个单位 X_n 对 Y 的影响；e 是随机干扰项。

通过多元线性回归的基本模型，可以看出解释变量众多，但并不是在构建模型时解释变量越多越好，应当挑选出对被解释变量影响较为重大的个别解释变量，完成回归系数的确定后，再完成最终预测。

运用多元线性回归分析进行被解释变量预测时，需要做以下四个基本假设：

①解释变量是固定或随机的，并且不存在多重共线性问题；

②随机干扰项 e 的期望值为零，即有零均值、方差相等及序列相关性；

③解释变量跟随机干扰项无相关度；

④随机干扰项呈正态分布。

对知识产权价值评估过程而言，多元线性回归模型有其他方法没有的独特优点。相对传统的知识产权价值评估方法，多元线性回归模型在可量化的解释变量基础上构建较为科学合理的模型，可以避免传统方法的影响因素单一等弊端，可以综合考量现行影响知识产权价值的多类因素，从而预测知识产权价值。随着信息技术的发展，多种软件的兴起对计量经济学方法的应用产生了深远的影响，因此在对建立的多元线性回归方程进行计算分析时，可以借助 Eviews、SPSS 或 Stata 等分析软件。

6.3　基于多元线性回归的专利价值评估实证分析

6.3.1　知识产权价值评估指标及样本的选择

在众多知识产权价值评估方法中几乎都将现行市场中现有知识产权交易作为知识产权价值评估基础。本书将以知识产权在现行公开市场中最后一次转让的转让金额作为多元线性回归模型中被解释变量指标，再通过大量阅读文献，结合现行知识产权价值评估中考量的多重影响因素，筛选出四个在现有价值评估研究过程中使用频次最高、学者肯定度及关注度高的影响因素作为解释变量指标，在此基础上通过多元线性回归模型对这四个解释变量对被解释变量即知识产权价值的影响程度及方向进行讨论分析，最终得出基于多元线性回归模型的知识产权价值预测方程，确保方法选取与影响因素指标筛选的可计量性及理论的可靠性。本章通过在国家知识产权局及合享众创等含有知识产权具体信息的多个网站进行大量搜集，获得400个知识产权转移信息及四个影响因素具体指标信息。

6.3.2　数据收集与模型建立

在现行知识产权交易市场中，影响知识产权价值的众多因素主要分成四类，分别是与发明人相关、知识产权文本的基本特征、知识产权法律度特征及知识产权市场关注度。这四类影响因素下还包含第一发明人职称、第一发明人参与申请的专利数量、知识产权转移次数、知识产权类型、知识产权有效性、知识产权剩余寿命、同族知识产权数量及引用次数等细化指标。本书将多重因素考量后选取知识产权全部转让次数、第一发明人参与申请的专利数量、同族知识产权数量及知识产权剩余寿命（保护时间）四个影响因素指标。为分析此四个指标对知识产权价值的影响程度，本书通过建立多因素与专利价值的多元线性回归方程，进行分析，建立的方程如下：

$$PV = \beta_0 + \beta_1 F + \beta_2 NFP_2 + \beta_3 PF + \beta_4 AP + e \qquad (6-2)$$

方程中 PV 是被解释变量，将要被预测的知识产权价值；F、NFP、PF、AP 代表影响被解释变量的解释变量，这里一共有四个解释变量；β_0，β_1，β_2，$\cdots$，β_n 是回归系数，即待估参数，β_0 是常数项；e 是随机干扰项。这里分别界定四个解释变量含义，见表 6-1。

表6-1　解释变量参数定义

解释变量参数	含义
PV	知识产权价值，以转让价格作为代理变量
F	专利全部转让次数
NFP	第一发明人参与申请的专利数量
PF	同族专利数量
AP	专利剩余寿命

6.3.3　多元线性回归模型的应用

采用专门计量软件 SPSS 23.0 对知识产权价值的影响因素进行分析。为避免回归模型存在多重共线性问题，在采用回归分析前需要对专利价值的各影响因素进行相关性分析。相关系数 P 的范围在 -1 到 1 之间，当 $P=1$ 时为完全正相关，$P=-1$ 时为完全负相关，$P=0$ 为不相关。若相关系数的范围为 $0.3 \sim 0.5$，是低度相关；相关系数的范围为 $0.5 \sim 0.8$，是显著相关；若相关系数达 0.8 以上，则是高度相关。表 6-2 为被解释变量和四个解释变量间的相关系数。

表6-2　变量间相关系数

变量	PV	F	NFP	PF	AP
PV	1.000	0.573	0.154	0.538	0.384
F	0.573	1.000	-0.030	0.577	0.206
NFP	0.154	-0.030	1.000	-0.093	-0.138
PF	0.538	0.577	-0.093	1.000	0.194
AP	0.384	0.206	-0.138	0.194	1.000

从表 6-2 的相关系数可以明显看出，被解释变量与四个解释变量间相关系数明显不为 0，表明都存在相关关系，这也为此次多元线性回归实证研究奠定了基础，表明其可行性，但对比相关系数，相关系数多数小于 0.5，各个解释变量之间相关程度低，这样也可以在一定程度上说明这个多元线性回归模型不会存在严重的多重共线性问题。

在此基础上，运用软件 SPSS 23.0 对此次收集到的 400 份样本数据进行多元线性回归分析，获得以下回归结果。

表 6-3　模型拟合效果

模型	R	R^2	调整后 R^2	标准估算的误差
1	0.713^a	0.508	0.487	41.017

表 6-3 是多元线性回归模型拟合效果表，从表 6-3 可知模型 R^2 是 0.508，表示这个模型中四个解释变量可以反映 50.8% 的被解释变量即知识产权价值的变化量。此次采用的 400 份问卷存在众多不确定因素，不能直接使用 R^2 作为拟合系数，而应该采用调整后的 R^2 作为此次多元线性回归方程的拟合系数，此时的拟合系数是 0.487，表示模型中四个解释变量可以反映 48.7% 的被解释变量的变化量。从整体看，此多元线性回归模型拟合程度相对来说效果可以接受。基于此情形，知识产权全部转让次数（F）、第一发明人参与申请的知识产权数量（NFP）、同族知识产权数量（PF）、知识产权剩余寿命（AP）这四个独立的解释变量对被解释变量知识产权价值（PV）具有较好的解释能力。

表 6-4　ANOVA 方差分析

模型		平方和	自由度	均方	F	显著性
1	回归	164856.936	4	41214.234	24.497	0.000^b
	残差	159827.460	95	1682.394	—	—
	总计	324684.396	99	—	—	—
a. 因变量：PV						
b. 预测变量：（常量），AP，NFP，PF，F						

从表 6 - 4 中可以看出，"F" 统计量的概率值为 0，明显小于 0.05，此时表明显著拒绝模型总体回归系数为 0 的原假设，此时通过 ANOVA 方差分析表可以看出 "PV" 与 "F" 和 "NFP" "PF" "AP" 之间存在线性关系，但这里并不能直观看出四个解释变量同被解释变量之间线性关系的强弱，针对线性关系强弱还需要对多元回归模型进行进一步分析。

表 6 - 5   回归系数表

模型		未标准化系数		标准化系数	t	显著性
		B	标准误差	$Beta$		
1	（常量）	-96.686	15.360	—	-6.295	0.000
	F	27.229	7.013	0.345	3.882	0.000
	NFP	0.228	0.071	0.233	3.190	0.002
	PF	25.586	7.446	0.305	3.436	0.001
	AP	3.250	0.846	0.286	3.844	0.000

a. 因变量：PV

从表 6 - 5 可以看出，在回归系数的 t 检验中，四个解释变量的显著性水平均明显小于 0.05，即四个解释变量都通过了 t 检验，因而最终获得以下的知识产权价值多元线性回归方程：

$$PV = 0.345 \times F + 0.233 \times NFP + 0.305 \times PF + 0.286 \times AP \quad (6-3)$$

6.3.4   实证结论与启示

通过以上多个步骤的分析，运用 SPSS 23.0 进行分析检验，得出的回归结果为：知识产权价值与其全部转让次数、第一发明人申请的知识产权数量、同族知识产权数量及知识产权剩余寿命（剩余使用年限）呈现显著的正相关关系，而此次为评估知识产权价值所选用的四个解释变量可以较好地反映被解释变量即知识产权价值。

第7章 基于机器学习的
知识产权价值评估

随着人工智能技术的不断发展，近几年有学者提出将机器学习应用于专利价值评估。具体操作步骤为：第一步先分析和筛选出专利价值评估的影响因素，建立评估指标体系；第二步通过机器对现有样本大量训练学习及检验测试。基于机器学习的专利价值评估方法在理论上具有较强的可行性，但还需要在实际操作运用过程中进一步优化和完善，且要随着市场的不断变化，不断更新影响专利价值的影响因素及所构建的评估指标体系和算法。

7.1 构建知识产权价值评估指标体系

7.1.1 知识产权价值评估指标筛选

知识产权价值评估指标体系构建，最重要的环节就是尽可能全面地对影响知识产权价值的因素进行筛选，通过分析得出知识产权价值的可循规律，构建科学实用的指标体系。在知识产权价值评估过程中除了对指标体系有较高要求外，还需要对指标体系中各个因素进行权重确定。一个完善的知识产权价值指标体系构建过程应该严格按照指标框架建立、指标粗选及指标优化筛选三个步骤进行。只有建立在这三个步骤基础上的知识产权价值指标体系才能称之为科学合理的指标体系，以此为基础的所有研究才更加有意义。

为构建合理科学适用的知识产权价值评估指标体系，在构建指标体系的初期要尽可能考虑全面的影响因素，进一步对全部影响因素进行分析，将冗余重复类因素进行粗选后再细致优选，最后得出精简又能够反映全部信息的影响因素。现行指标粗选方法多为文献法、理论挖掘法、专家打分法等。文献法又称频度分析法，即将现有与研究方向相关文献中的指标体系进行全面统计，再依据出现具体频度进行排序再选取的方法。理论挖掘法指在现行相关理论基础上，根据所需研究内容的含义、目标等作为考量依据，并结合独有特点等构建指标体系。专家打分法是依靠专家对研究内容的专业能力对现有指标进行比较打分获得评判标准，进而通过指标得分情况评价、筛选指标。

上述三类指标筛选方法均有其优缺点。文献法即频度分析法所得指标相对其他指标更为全面客观，但针对研究内容类似、研究方向不同构建的指标体系有不同的要求特点，存在一定制约，不能完全符合要求，而且可能存在研究内容无可参考的研究文章。理论分析法更具有针对性，所构建的指标更为贴合研究内容，但由于研究者的个人局限性，可能使指标不全面。专家打分法是通过专家的主观意愿对指标进行打分，属于人为参与指标重要度，可能会影响指标的客观性，造成主观性过强，进而影响整体指标体系建立，从而制约后续步骤。因此采用单一方法进行指标初选存在一定局限，而多种方法结合可以规避单个方法的缺点，进而建立更为科学完善的指标体系。对此，本章通过使用文献法和理论分析方法进行指标粗选。

在粗选删除不必要指标后，还需要进行优选以简化指标体系，国内众多学者对优选指标提出多种方法，大多集中于统计与数学方法。主要有数理统计筛选法、主客观结合法及知识挖掘型筛选法。数理统计筛选法主要包括主成分分析法、因子分析法、相关性分析、熵权法及聚类分析。主客观结合法主要包括 Vague 集方法、模糊 AHP 等。知识挖掘型筛选法主要包括粗糙集、遗传算法、神经网络方法。

数理统计筛选法主要是根据数据本身情况来筛选，相对客观且相关性弱，但没有一定主观性，就可能出现与实际情况相左状况，此时容易造成对研究的内容解释度不够，也可能去除重要指标，致使指标体系不完整。主客观结合法在基于数据的基础上还融合专家的专业能力，既有客观性也有主观性，更加贴合研究，适用性高。知识挖掘型筛选法中对神经网络方法而言，依据的数据样本量大，粗糙集可以分析数据本身含有的知识，分析出冗余指标，进行约简。

综合考量多种优化指标方法的优缺点，结合知识产权价值评估市场未成熟，且获取数据较难等情况，本章选取知识挖掘型筛选法中粗糙集方法中的属性约简算法作为本章指标筛选的主要手段。

7.1.2　知识产权价值评估指标体系建立的原则

知识产权价值评估主要基于对影响知识产权价值的众多因素进行研究测度，分析各个因素对知识产权价值的影响规律，但对知识产权价值产生影响的因素包含多个角度及层次，而且不止一种因素。只有在综合考虑影响知识产权价值的多重因素下，进行分析探讨进而总结影响因素对知识产权价值的影响状况，才能精确获得有真正市场含义的知识产权价值。因而科学而全面构建的知识产权价值评估指标体系的建立成为知识产权价值评估工作的首要任务。知识产权价值评估指标体系的构建需要遵循一定的指标体系的构建原则。

科学合理的知识产权价值评估指标体系，需要综合涉及关联性紧密且综合性强的影响知识产权价值的因素作为指标，做到不遗不漏，但这并不意味着指标体系的构建是将所有对知识产权价值有影响的多种因素进行简单的加和、罗列，还是要层次清晰明了，并依据影响因素对知识产权价值的影响程度进行筛选，去除相关性低的指标，保留代表性指标，指标数量不能过多也不能过少，各层次指标数量均匀，并且指标间具有独立性，规避多次设置重复指标，减少不必要的麻烦。为准确预测知识产权价值则需要指标涉及面广且对知识产权价值影响程度高，使构建的指标体系能真实反映知识产权价值。

合理的指标体系构建是知识产权价值评估的基石，而且影响知识产权价值的因素不是固定不变的，是随着社会及经济市场变化不断更新淘汰的。只有反映当前时间合理且具有稳定性的指标体系，才能保证知识产权价值评估结果的可靠性与可比性。指标体系还需要建立在充分的信息资料基础上，需要从实际出发，不能凭空想象，数据的获得要简便，而且成本低。现行稳定性的指标体系多为包含有一级指标、二级指标及指标标准等，三种要素——对应，保证其中指标评估标准与指标相对应。

指标有定量和定性之分，定量指标相对定性指标而言拥有更好的直观可读性，以及指标标准明晰等优点，但就知识产权价值评估而言，影响知识产权价值的庞杂因素中并不都是定量因素，还包含有一些对知识产权价值影响程度高的定性指标，但也正因为定量指标与定性指标的结合使知识产权价值评估指标体系更加完善合理，此外指标能够有效收集也是进行知识产权价值评估的重要前提。

7.1.3 知识产权价值评估指标体系构建

知识产权价值受到多元因素影响，知识产权价值评估指标体系的确立直观影响到知识产权价值的确定。众多国内外学者机构对知识产权价值影响因素的研究也逐渐完善，结合众多专门知识产权相关数据库的成立与投入使用，现在国内外已经存在一些现有的针对专利价值评估的指标体系：CHI 评估指标体系、佐治亚太平洋指标体系、OECD 专利指标体系及国家知识产权局专利指标体系等。找出现有指标体系的不足之处，并构建发明人相关、专利文本特征、专利法律度特征、专利市场关注度四类指标构成的新型专利价值评估指标体系。

1）现有专利价值指标体系

（1）CHI 评估指标体系

CHI 评估指标体系是 20 世纪 80 年代美国知识产权咨询机构 CHI Research 公司采用文献计量法用于评估专利价值所开发的指标体系，提出经典的八项指标。具体的 CHI 评估指标体系，见表 7-1。

表 7-1 CHI 评估指标体系

指标名称	指标解释
专利数量	企业一定时间内获得全部专利数量
专利成长率	企业本年获得专利数量同上一年数量的比值

指标名称	指标解释
平均被引次数	一定时期内企业专利总被引用数量与专利数量比值
即时影响指数（CII）	一定时期特定领域专利在某年被引用数量
技术强度（TS）	专利数量×即时影响指数
技术生命周期（TCT）	所引用专利年龄中位数与专利数量平均值的比值
科学关联性（SL）	企业专利平均引用文献数量
科学强度（SS）	科学关联性×专利数量

（2）OECD 专利指标体系

OECD 专利指标是 20 世纪 70 年代由世界 35 个市场经济国家所构成的政府间国际经济合作组织——经济合作与发展组织（Organization for Economic Co - operation and Development，OECD）（简称经合组织）为便利成员方统一专利技术评价所开发的专门指标体系。具体的 OECD 专利指标体系，见表 7 - 2。

表 7 - 2　OECD 专利指标体系

一级指标	二级指标	指标解释
国家层面	跨国比较指标	各年度各个国家专利数量
	各国跨产业申请专利指标	各个国家不同产业专利数量
产业层面	技术独立性指标	专利引用数量
	专利与 R&D 指标	专利投入
	经济效益指标	专利产出
企业层面	专利与企业战略指标	对企业专利相关内容分析得出企业战略
	专利申请与企业结构指标	对企业专利相关内容分析界定企业属性
	技术关联性指标	专利被引次数
	科学关联性指标	专利被文献或报告等引用次数

（3）国家知识产权局专利指标体系

2011 年，国家知识产权局委托中国技术交易所对专利价值评估在运用及管理过程中存在的问题进行研究，承担"专利价值分析体系及操作手册"课题。在经过多家机构专家参与，分析讨论最终确立包含3个一级指标、18个二级指标的专利价值评价指标体系。具体的国家知识产权局专利指标体系，见表7-3。

表7-3　国家知识产权局专利指标体系

一级指标	二级指标
法律价值度（LVD）	稳定性
	可规避性
	依赖性
	专利可侵权性
	有效期
	多国申请
	专利许可状态
技术价值度（TVD）	先进性
	行业发展趋势
	使用范围
	配套技术依存度
	可代替性
	成熟度
经济价值度（EVD）	政策适应性
	竞争对手
	市场占有率
	市场规模
	市场应用

除上述三个现有专利价值评估指标体系，国内外企业学者还建立了其他的指标体系，如：美国联邦法院确立专利许可使用费的15项指标的佐治亚太平洋指标体系等。尽管目前现有专利价值评估指标体系众多，但依然存在以下不足之处。

①现行专利价值评估指标体系均是以企业视角建立，并没有基于单个独立专利的专门指标体系。如多个指标体系中对专利数量的考量均是在企

业层面，对整个企业的全部专利进行汇总。

②现有专利指标体系主观性过强，客观性不足。如国家知识产权局的指标体系多为专家评分求加权平均所得，可能造成专家对指标的不同理解。

③数据获取困难，指标计算过于复杂。我国专利市场尚未完善，存在一定缺陷，专利数据并没有合理记录及公开，专门的专利数据库尚未建立，造成一系列麻烦。

2）知识产权价值评估指标体系构建

在对上述现有国内外组织机构及学者所研究的众多知识产权价值评估指标体系进行分析的基础上，本章为进一步进行专利价值评估，选用4个一级指标，分别为发明人相关、专利文本特征、专利法律度特征及专利市场关注度，将此4个一级指标分别细分为9、2、5、7个二级指标，具体构建全面专利价值指标体系，见表7-4。

表7-4 专利价值评估指标体系

级指标	二级指标	条件属性
发明人相关	第一发明人职称	C1
	第一发明人职务	C2
	专利发明人人数	C3
	第一发明人所在单位	C4
	第一发明人参与申请的专利数量	C5
	第一发明人与机构合作次数	C6
	第一发明人合作机构数	C7
	第一发明人合作论文次数	C8
	第 发明人合作论文的机构数	C9
专利文本特征	专利度	C10
	技术宽度	C11
专利法律度特征	专利法律状态	C12
	专利寿命	C13
	专利存在时间	C14

一级指标	二级指标	条件属性
专利法律度特征	专利剩余寿命	C15
	专利诉讼次数	C16
专利市场关注度	引用次数	C17
	被引次数	C18
	专利转移次数	C19
	专利权受让单位	C20
	专利转让方式	C21
	专利权转让时间	C22
	同族数	C23

专利的存在伊始是发明人的功劳，在专利价值的体现中发明人对专利也有一定的价值影响，在众多体现发明人能力的各项指标中，通过查询能够获取的第一发明人的相应数据是：职称、职务、专利发明人人数、所在单位、参与申请的专利数量、机构合作次数、合作机构数、合作论文次数及合作论文机构数。专利本身有很多对专利价值有影响的指标特征，但不好量化，本章专利文本特征指标仅选取专利度和技术宽度。专利的法律度特征选取专利法律状态、专利寿命、专利剩余寿命、专利诉讼次数，专利在市场中交易活动，其引用次数、被引次数、专利转移次数、专利权受让单位、专利转让方式、专利权转让时间及同族数指标可能对专利价值有一定影响。因为本章选用机器学习及仿真模拟法，并通过粗糙集进行指标筛选，因而指标体系中可能存在指标重复现象。

发明人是专利的直接关联者，发明人能力越强则其创造的专利在现实市场中可能更具有价值。如果第一发明人职务、职称高、参与申请的专利数量多可能表明第一发明人能力强，其所研究的专利更具有价值；专利权发明人人数多，可能表明此项专利复杂程度高、更具创新；第一发明人所在单位作为外界环境也可能对发明人创造专利有一定影响，如可以提供的材料、场地等支持；发明人并不是孤军奋战，除了会与其他发明人合作，还可能与其他机构或组织合作；除有具体实物专利等合作产物的体现，还有论文等形式。

专利文本特征中专利度表示主权项数量，即界定此项专利受法律保护的边界。由此可见，专利度对专利而言是极其重要的核心。在现实市场中，专利的价值在一定程度上会受到专利度数量的影响。通过国际专利分类号（IPC）分类，不同专利都会有相应的专利分类号，分类号数量越多则表明该项专利涉及领域宽，本书称之为技术宽度。

专利法律度特征中专利的法律状态一般有公开、授权、实质审查，还可能存在终止现象。一般情况下，专利价值可能伴随专利的法律状态的公开度变化，公开越多，价值越小。专利仅在部分授权情形下，会有一定稀缺获得其他关注，并产生增值。专利在专利申请时按照不同类型有不同寿命期限，自申请日起，发明专利权寿命 20 年，实用新型和外观设计专利权寿命 10 年。专利权需要后续缴纳费用维护，否则可能因未缴纳年费提前终止专利权。一般而言专利的法律寿命与经济寿命不能画等号，一项专利可能因为技术等的更新换代而提前失去意义。在法律专利寿命期限内，专利存在时间或剩余寿命可能对专利价值也有一定影响，毕竟当法律寿命结束后，专利权所拥有的法律保护就消失，如越接近法律寿命最后期限，专利价值可能并不会太高。专利存在即可能会出现法律诉讼等问题，因而在实际交易过程中被交易方可能会对该项专利是否诉讼有一定考量。

专利市场关注度指标包含专利对其他专利的引用数量和专利申请成功后被其他专利引用的数量，通过引用数量表明对引用专利的认可，通过被引次数表明本项专利的重要度和影响力，这些会对专利价值产生一定影响。专利在市场内的转移，包含申请权转移、专利权转移，有过转移经历的专利可能更为市场所接受与需要，受让单位、转让方式、转让时间可能都对专利价值有影响。专利权同族数是专利权持有者在不同国家申请专利，以达到保护专利权的目的。专利价值越高，则其持有者才会付出更多成本以寻求更多国家的保护。

专利价值评估需要基于适宜的指标体系，构建能够充分反映专利价值的指标体系是最重要的一环。全面且有效的影响因素需要在不断的研究过程中完善与优化，因而本章通过使用文献法和理论分析方法粗选指标，随后通过粗糙集方法对粗选后指标进行优选，排除冗余指标对模型运行的不利影响。希望构建的指标体系全面、符合当下、定性与定量结合。

在对现有专利价值评估指标体系 CHI 评估指标体系、佐治亚太平洋指标体系、OECD 专利指标体系及国家知识产权局专利指标体系分析基础上，本部分构建包含专利文本特征、专利法律度特征、专利市场关注度特征的指标体系，在此基础上了解到我国现有专利的发明人多来自高校、研究所等，因而发明人相关指标也会对专利价值可能造成影响，因此本章在专利文本特征、专利法律度特征、专利市场关注度特征外，新增加发明人相关指标，包含第一发明人职称、职务、专利发明人人数、所在单位、参与申请的专利数量、机构合作次数、合作机构数、合作论文次数及合作论文机构数。本章所构建的指标体系共 4 个一级指标，23 个二级指标，基于该指标体系进行以下模型构建及实证研究。

7.2 基于粗糙集的知识产权价值评估模型构建

7.2.1 粗糙集理论概述

粗糙集（Rough Set，Rough 集、粗集）理论是波兰学者 Pawlak 于 1982 年提出的一种可以定量分析解决含有不确定、不一致、不完整数据的数据挖掘工具。通过对数据进行深度挖掘，发现内在隐含信息，找出数据间潜在联系，可以在多方面进行应用。

粗糙集理论的主要定式为通过对数据分析，得出属性约简，在属性约简的基础上进一步分析探讨，提取出最终知识的分类规则，属性虽然进行约简，但是约简后的数据有同等得出最终有效规则的效力。粗糙集理论与方法的主要具体特点如下所述。

①知识定义为不可区分关系的一个族集，知识表现出数学含义，有利于通过数学运算进行处理；②对数据要求不高，不需要任何先验知识，就可以通过众多单纯数据深入分析其内在联系；③在保证规则相同有效性的基础上，对数据进行属性约简，既保证属性的全面，又精简冗余，得出知

识最小表达式；④探究数据间的关联，得出数据间依赖度。

1）粗糙集理论的基本原理

在前述众多特点基础上，粗糙集具有数据要求低、原始数量少，易与其他方法理论结合，易发现数据隐含规则及兼容性强等优点。粗糙集基本概念如下所述。

（1）知识表达系统

粗糙集理论中，通过采用知识表达系统进行列示全部知识。知识表达系统一般用一个四元组 $S = (U, A, V, f)$ 表示，其中 U 表示所研究数据形成的非空有限集合，也就是论域 $U = \{x_1, x_2, \cdots, x_n\}$，论域 U 中包含有 n 条数据研究组；A 表示单条数据所包含有的属性值集合，表示为 $A = \{a_1, a_2, \cdots, a_m\}$；$V$ 表示全部数据研究组中所有属性集合；f 表示一个函数，论域 U 中所有 x 均满足 $f(x, a) = V_a$。

知识表达系统以一个列表格式存在，每一行表明此知识系统中的论域，表中每一列表示论域中的全部属性。论域中每一条数据均包含不同属性的属性值。

知识表达系统根据是否包含决策属性，主要分为不含决策属性的信息系统（信息表）及含决策属性的决策系统（决策表），根据上述定义 $A = C \cup D$，$C \cap D = \varnothing$，$C \subset A$，$D \subset A$，C 和 D 表示两个属性子集，C 表示条件属性，D 表示决策属性。决策表一般形式见表 7-5。

表 7-5 决策表的一般形式

序号	条件属性 C			决策属性 D		
	c_1	$\cdots$	c_k	d_1	$\cdots$	d_n
X_1	V_{c1}^1	$\cdots$	V_{ck}^1	V_{d1}^1	$\cdots$	V_{dn}^1
$\vdots$	$\vdots$		$\vdots$	$\vdots$		$\vdots$
X_n	V_{c1}^n	$\cdots$	V_{ck}^n	V_{d1}^n	$\cdots$	V_{dn}^n

依据决策表决策属性个数可以划分成为单一决策表和多决策表，其中

单一决策表中仅包含一个决策属性，而多决策表中包含决策属性个数大于1。

（2）不可分辨关系

知识表达系统中论域 U 中存在一集合 R，且 R 是论域 U 中具有等价关系的集合，满足论域 U 中一非空集合 P 包含于 R，则 P 中所有等价关系集合就称作 R 上的不可分辨关系，称为 $IND(P)$，具体表达式为：

$$[X]_{IND(P)} = \bigcap_{R \in P} [X]_R \tag{7-1}$$

如果论域 U 中还存在一包含于 R 的另一集合 Q，若满足 $IND(P) = IND(Q)$ 关系，则表明集合 P 和 Q 是等价关系；若 $IND(P) \neq IND(Q)$，则表明集合 P 和 Q 没有关系。在 P 和 Q 有等价关系基础上，存在 $IND(P) \subset IND(Q)$ 关系，说明相对而言 P 比 Q 细致。此时集合 P 对论域 U 进行了划分，用 $IND(P)$ 或 U/P 表示。

（3）近似集

粗糙集理论是一种依据知识处理不确定数据的工具，通常用近似集来表示不确定性。当 $U \neq \varnothing$，此时有集合 X 包含于论域 U，且 R 是 U 上的一族等价关系。如果集合 X 能够使用 U/R 精确表达时，则称是 R 可定义的，也可以称为 R 的精确集；如果集合 X 不能够使用 U/R 精确表达时，则称 X 是 R 不可定义的，也可以称为 R 的非精确集、R 粗糙集。

满足集合 R 包含于 $IND(K)$，且包含于论域 U 的集合 X 是 R 精确集，则集合 X 就是集合 K 的精确集；当集合 R 包含于 $IND(K)$，且集合 X 是 R 的粗糙集，则此时集合 X 就是集合 K 的粗糙集。

粗糙集中近似集有上近似集和下近似集两种，在此两近似集中界定了原集合的存在。具体含义为：上近似集是全部可能属于集合 X 的最小集合，下近似集是一定不可能属于集合 X 的最大集合。具体公式如下：

X 的下近似集：$\underline{R}(X) = \{X:(X \in U) \wedge ([X]R \subseteq X)\}$

X 的上近似集：$\overline{R}(X) = \{X:(X \in U) \wedge ([X]R \cap X \neq \varnothing)\}$

粗糙集理论中还包含正区域、负区域和边界区域。公式分别为：X 的 R-正区域 $pos(X)$，$pos(X) = \overline{R}(X)$；X 的 R-负区域 $neg(X)$，$neg(X) =$

$U - \overline{R}(X)$；X 的边界区域 $bn(X)$，$bn(X) = \overline{R}(X) - \underline{R}(X)$。$X$ 的 R－正区域 $pos(X)$ 和 X 的 R－负域 $neg(X)$ 分别与上下近似集含义一致，X 的边界区域 $bn(X)$ 即介于 R－正区域与 R－负区域部分，依据现有知识不能判定是否属于集合 X 的全部集合。此时若 $bn(X)$ 是空集，说明 X 关于 R 是精确的；若 $bn(X)$ 不是空集，说明 X 关于 R 是粗糙的。

对此可以通过示意图显示，见下图 7－1。示意图中每个小格表明论域 U 中划分出的基本等价类。

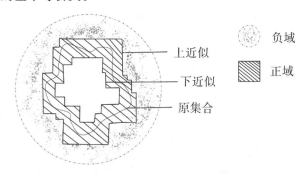

图 7－1　粗糙集示意

粗糙集理论中近似精度是对集合是粗糙还是精确的一个度量，主要公式为：

$$\alpha_R(X) = \frac{|\underline{R}(X)|}{|\overline{R}(X)|} \quad X \neq \varnothing \tag{7-2}$$

$\alpha_R(X)$ 的取值范围在 0 到 1 之间，即 $\alpha_R(X) \in [0,1]$。$\alpha_R(X)$ 等于 1 时，表明集合 X 关于 R 是精确的；若 $1 > \alpha_R(X) \geqslant 0$，说明 X 关于 R 是粗糙的，且粗糙程度不一致。

（4）离散化

粗糙集离散化是将知识表达系统中连续的属性值采用特定方法进行转换，使连续的属性值变为离散的数据，有利于之后的各项操作。这种转化是等效转化，并没有贬值或损毁原有含义。

知识表达系统 $S = (U, A, V, f)$ 中，论域 $U = \{X_1, X_2, \cdots, X_n\}$，$A = C \cup D$ 是条件属性与决策属性的集合。某一条件属性 C_i 值域为 V_{C_i}，则经过离散化产生断点 $c_m(m \in [0,k])$，断点值为具体实数，此时该条件属性 C_i 值域

成为 $V_{C_i} = \left[\, c_0^{C_i}, c_1^{C_i} \,\right) \cup \left[\, c_1^{C_i}, c_2^{C_i} \,\right) \cup \cdots \left[\, c_{k_{C_i}}^{C_i}, c_{k_{C_i}+1}^{C_i} \,\right]$，值均成为值域内一个数值段。多个条件属性经过这样离散化处理，知识表达系统更新为新的决策表 $S^P = (U, A, V^P, F^P)$。

（5）约简与核

一个知识表达系统中所有条件属性的重要等级不能够画等号，是有优劣区分的，在众多知识中可能出现冗余现象，造成处理时间增加，加大工作量等不利情形。知识约简就是在保证分类能力一定基础上，对条件属性 C 中无关或关联较弱的进行删减，得到精简的条件属性集 R，$R \subseteq C$，在约简后表明能够表达 C 的集合定然能够用 R 表达。

一个知识表达系统中，属性 r 属于集合 R 中，若存在 $IND(R) = IND(R - \{r\})$ 关系，说明属性 r 是集合 R 中不必要的属性；若存在 $IND(R) \neq IND(R - \{r\})$ 关系，说明属性 r 是集合 R 中必要的属性。当集合 R 中所有属性都是必要的，表明集合 R 是独立的；如果集合 R 中有冗余属性是不必要的，表明集合 R 是依赖的。如果集合 N 包含于集合 R 中，$IND(N) = IND(R)$ 且 N 独立，表明集合 N 是集合 R 的一个约简。此时集合 R 中约简到不能再约简的剩余条件属性集合，就是集合 R 的核，记作 $core(R)$。

（6）属性依赖度与重要度

属性重要度是所有条件属性的重要程度的一种体现，在进行对决策属性预测时属性重要度的作用体现明显，在进行有关属性的约简等过程中属性重要度是很大的考量因素。

在计算属性重要度之前，先要对属性依赖度进行计算。属性依赖度表明决策属性 D 对条件属性 C_i 的依赖程度，具体计算是条件属性 C_i 可以确定划分到 U/D 的数量与论域总数量的比值。公式为

$$\gamma_{C_i}(D) = \frac{\left| pos_{C_i}(D) \right|}{|U|} \qquad (7-3)$$

属性依赖度 $\gamma_{C_i}(D)$ 的取值范围在 0 到 1 之间，$\gamma_{C_i}(D) = 0$ 时，决策属性 D 对条件属性 C_i 完全不可导；$\gamma_{C_i}(D) = 1$ 时，决策属性 D 对条件属性 C_i 完全可导；$\gamma_{C_i}(D) \in (0,1)$ 时，决策属性 D 对条件属性 C_i 部分可导。

此时对于任意属于条件属性集合 C 的条件属性 C_i 对决策属性 D 的重要度，可以通过 $sig(C_i) = \gamma_C(D) - \gamma_{C-C_i}(D)$ 表示。属性重要度 $sig(C_i) \in [0,1]$，当 $sig(C_i) = 1$ 时，表明此时条件属性 C_i 重要度为0，可以进行约简；当 $sig(C_i) > 0$ 时，表明条件属性 C_i 的重要度，通过对所有条件属性重要度进行排序，即可得出约简。

（7）决策规则与度量标准

知识表达系统是众多条件属性与决策属性的集合态，粗糙集理论通过知识表达系统进行分析，得出规律。知识表达系统 $S = (U,A,V,f)$，$C \rightarrow D$ 就是决策规则，其中 C 是规则的左部或规则的前提（简记 LHS），D 是规则的右部或规则的结论（简记 RHS）。

每一个知识表达系统通过分析均有出现决策规则的可能，决策规则众多结合形成规模巨大的决策规则库，而为避免过于冗杂的规则库制约分析，因而在进行分析得出规则决策前需要通过一定方式方法进行属性约简，得出最小约简集，从而产生尽可能少且有效性不变的最小决策规则库。

在各项决策规则中有满足条件属性 C 和决策属性 D 的规则，其个数表示规则的支持数，分别用 LHS Support 和 RHS Support 表示。决策规则的准确度通过具体计算公式得出：

$$RHS\ Accuracy(C \rightarrow D) = \frac{Support(C \times D)}{Support(D)} \qquad (7-4)$$

其中 $Support(C \times D)$ 表示在决策规则库中同时满足 C 和 D 的规则个数，$Support(D)$ 表示满足 C 的 D 的规则数目。RHS Accuracy$(C \rightarrow D)$ 值越大，表示准确度越高，表示 $C \rightarrow D$ 更容易实现，当 RHS Accuracy$(C \rightarrow D)$ 值为1的时候，表明 $C \rightarrow D$ 必然成立。

在实际操作过程中，通过对决策规则的考量进行决策规则的选取，当准确度一致时，表明不同规则对 $C \rightarrow D$ 的解释度一定，此时选择最小决策规则进行分析更便捷可行。

以上对粗糙集从知识表达系统、离散化、知识约简及决策规则等简要说明，就是采用粗糙集建模的具体步骤。

2）应用软件

Rosetta 软件是由挪威科技大学计算机与信息科学系与波兰华沙大学数学研究所合作共同开发的一款致力于采用粗糙集进行数据分析的专用数学分析工具。Rosetta 软件可以进行粗糙集一系列的操作，从数据补齐到最后的决策规则提取，所产生的规则便于理解分析。Rosetta 通过数据导航，能够直观对接数据及用户，依靠独立的界面有层次地展示具体的操作步骤。

Rosetta 能够接受多种形式的数据，不论是文本还是数据库数据。不仅如此，该软件还包含有众多数据预处理方法，还有多种在粗糙集理论中较为普遍的离散化及知识约简算法。作为一种很好的粗糙集理论软件和实验平台，在众多粗糙集研究中经常被应用。本章对基于粗糙集的专利价值评估的种种分析都是基于 Rosetta 软件。

7.2.2 基于粗糙集的专利价值评估模型

基于粗糙集理论进行专利价值评估模型的建立，必须依据适合的专利价值评估指标体系，收集相关专利数据，将专利价值作为决策属性，指标体系中的各指标因素为条件属性。专利数据较难获取，这里找到的相关数据均为在现行市场中进行过专利转让的专利数据，并用最后一次转让价格代替专利价值做决策属性。对条件属性进行补齐并离散化后形成初始决策表，再进行属性约简，随后计算得出剩余影响力大的条件属性的重要度，提出最终专利价值评估规则。

本文按照粗糙集理论处理决策问题的具体思路，将依据其构建的专利价值评估模型操作步骤流程，如图 7-2 所示。

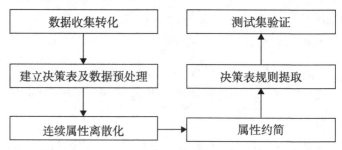

图 7-2 专利价值评估操作流程

（1）原始数据的收集及转化

本节数据主要涉及两部分：①是在现行专利市场中已经成功转让并能准确获取转让价格的专利申请号及专利转让价值；②依据指标体系搜集专利指标数据。一共收集到336条专利转让数据，通过文献总结及专家意见，这里将专利转让价值进行价值分级，具体分级对应见表7-6。

表7-6 专利转让价格分级对应

价格等级	低（1）	较低（2）	中等（3）	较高（4）	高（5）
转让价格区间（万元）	(0~2]	(2~4]	(4~6]	(6~10]	>10

在搜集到336条专利转让价值基础上，通过现有专利数据库：国家知识产权局官网（http：//www.cnipa.gov.cn）及合享新创官网（https：//www.incopat.com）逐个对具体数据指标信息进行检索收集，官网内收录专利信息全面且详细，进而获得专利指标数据集合。由于指标中含有一些文本指标数据，在提炼规律时对其进行分层，以达到对获取的众多非数值数据进行数值转化，如发明人职称按照1——在读学生；2——初级职称；3——中级职称；4——副高级职称；5——高级职称进行数值转化。

（2）原始数据的补齐及离散化

因为选取的数据共336条，数目较多，这里仅列示部分数据，见表7-7。

表7-7 部分专利价值及指标数据

C1	C2	C3	C4	C5	C6	C7	C8	C9	C10	C11	C12	C13	C14	C15	C16	C17	C18	C19	C20	C21	C22	C23	D
5	1	3	3	4	1	1	1	1	2	1	1	3	20	2	3	0	2	1	1	3	1	2	3
5	0	3	3	2	1	1	2	2	1	2	1	3	20	2	4	0	1	1	1	1	1	2	4
5	1	4	3	2	1	1	2	1	2	1	2	3	20	2	4	0	1	1	1	3	1	2	2
4	0	2	3	1	1	2	3	2	3	4	3	20	1	5	0	1	1	1	3	1	2	4
0	0	1	3	1	1	1	1	2	2	1	1	3	20	2	4	0	1	1	1	3	0	2	1
0	0	4	5	1	2	1	2	1	1	2	1	3	20	2	4	0	2	1	1	3	2	2	1
4	1	4	5	1	2	4	2	3	2	1	3	20	2	4	0	1	1	1	3	2	2	5
0	0	1	3	1	1	1	2	1	2	1	1	3	20	2	4	0	1	1	1	3	2	2	5
4	0	3	3	2	1	1	3	3	2	1	1	3	20	2	4	0	1	1	1	2	2	2	4
4	0	2	3	3	1	1	2	1	1	1	1	3	20	2	4	0	2	1	1	3	2	2	1
5	1	3	3	1	1	1	1	2	3	1	1	3	20	2	4	0	2	1	1	2	2	2	1
5	0	4	3	1	1	2	1	1	2	1	1	3	20	2	4	0	2	1	1	3	2	1	1

C1	C2	C3	C4	C5	C6	C7	C8	C9	C10	C11	C12	C13	C14	C15	C16	C17	C18	C19	C20	C21	C22	C23	D
5	1	2	3	1	1	3	1	1	4	2	1	20	2	1	0	1	1	1	1	1	3	2	4
4	0	4	3	1	1	1	1	2	2	1	1	20	2	1	0	1	1	1	1	1	4	2	5
4	0	4	3	1	1	1	1	2	1	2	3	20	2	4	0	1	2	1	3	0	2	1
4	0	4	3	1	1	1	1	2	1	1	5	0	1	5	0	1	1	1	1	1	2	4
4	0	4	3	1	1	3	4	4	2	2	3	20	2	3	0	1	2	1	3	1	2	3
4	0	2	3	1	1	1	4	2	3	2	3	20	2	3	0	1	1	1	3	1	2	5
4	0	4	3	2	1	2	3	2	4	2	3	20	2	4	0	2	2	1	1	2	1	3
5	0	4	3	3	1	4	3	4	2	1	3	20	3	0	1	1	1	1	3	3	2	4

将全部样本数据分为训练集和测试集，将全部 336 条数据进行随机采样，分为 272 + 64，选用 272 条样本数据作为训练集，剩余 64 条数据作为测试集。专利数据的难获取一直都是专利价值评估的难点，为通过粗糙集模型保证所得专利价值评估规则的适用，尽可能多的训练集数据可能涵盖更多可能性，因而采用 4∶1 比例安排训练集与测试集，两者并无任何交集。利用粗糙集理论对训练集数据进行处理，以专利转让价值为决策属性，其余四类发明人相关、专利文本特征、专利法律度特征及专利市场关注度指标作为条件属性。则训练集论域为 $U_{train} = \{X_1, X_2, \cdots, X_{272}\}$，其中 X_1，$X_2, \cdots, X_{272}$ 分别表示 272 条专利数据，测试集 $U_{test} = \{X_{273}, X_{332}, \cdots, X_{336}\}$，$X_{273}, X_{332}, \cdots, X_{336}$ 分别表示 64 条测试集数据。所在行所有数值为各指标数据。$C = \{C_1, C_2, \cdots, C_{23}\}$ 是条件属性集，$D = \{D\}$ 是决策属性集，则初始决策表为 $A = \{C, D\}$，其中条件属性表示含义见指标体系表 7 - 4。

为避免多个指标数据差距过大，影响后续操作，这里进行一次手动离散，离散化标准见表 7 - 8。

表 7 - 8 一次离散化标准

条件属性	二级指标	0	1	2	3	4	5
C1	第一发明人职称	—	在读学生	初级	中级	副高级	高级
C2	第一发明人职务	—	无职务	有职务	—	—	—
C3	专利发明人人数	—	[1, 2)	[2, 4)	[4, 6)	[6, 8)	> =8
C4	第一发明人所在单位	—	单一	多个	—	—	—

续表

条件属性	二级指标	0	1	2	3	4	5
C5	第一发明人参与申请的专利数量	—	[1, 50)	[50, 100)	[100, 150)	[150, 200)	>=200
C6	第一发明人与机构合作次数	—	[0, 10)	[10, 20)	[20, 50)	[50, 100)	>=100
C7	第一发明人合作机构数	—	[0, 2)	[2, 4)	[4, 6)	[6, 8)	>=8
C8	第一发明人合作论文次数	—	[0, 10)	[10, 20)	[20, 50)	[50, 100)	>=100
C9	第一发明人合作论文的机构数	—	[0, 8)	[8, 16)	[16, 24)	[24, 32)	>=32
C10	专利度	—	[1, 3)	[3, 6)	[6, 9)	[9, 12)	>=12
C11	技术宽度	—	[0, 3)	[3, 6)	[6, 9)	>=9	—
C12	专利法律状态	—	专利权终止	实质审查	授权	—	—
C14	专利存在时间	—	[1, 5)	[5, 10)	[10, 15)	>=15	
C15	专利剩余寿命	—	[0, 50)	[50, 100)	[100, 150)	[150, 200)	>=200
C17	引用次数	—	[0, 5)	[5, 10)	[10, 15)	>=15	
C18	被引次数	—	[0, 8)	[8, 16)	[16, 24)	>=24	—
C20	专利权受让单位	—	无受让单位	有受让单位	—		—
C21	专利转让方式	—	部分专利申请权转让	部分专利权转让	专利申请权转让	专利权转让	—
C22	专利权转让时间	2019 年	2018 年	2017 年	2016 年	2015 年	2014 年
C23	同族数	—	[0, 5)	[5, 10)	>=10	—	—

将一次手动离散化后的 272 条训练集数据放置在同一 Excel 工作表中，通过 Rosetta 软件机器数据源读入训练集，构建本次专利价值评估决策表。页面较小不能完整体现决策表全部数据，这里只做简单截图，如图 7 - 3 所示。

因为数据缺失项在进行软件训练前已经做了剔除，则并不含有缺失值，因而无须通过软件进行数据预处理，也就是补齐数据。对此通过现有训练决策表进行二次离散化。

这里通过 Rosetta 软件进行二次离散化，Rosetta 软件中包含有五种离散化算法，分别是 Boolean、MDL、Equal Frequency、Naive、Semi - naive

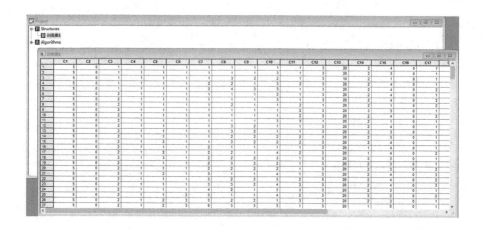

图 7 - 3　训练集数据读入决策（部分）

离散化。通过对训练决策表进行此五类离散化算法的训练，分别得出断点
数。对比不同离散化算法断点数，断点数量简便是选取规则，因而选取断
点数最少算法作为本节离散化算法。将训练决策表采用五种算法分别计算
离散化断点数，结果见表 7 - 9。

表 7 - 9　五种算法二次离散化断点结果

算法	Boolean	MDL	Equal Frequency	Naive	Semi - naive
断点个数	17	30	34	65	43

由表 7 - 9 中五种离散化算法得出的断点数，明显看出 Boolean 算法断
点数少，断点以简便为佳，对此本节选择 Boolean 算法进行离散化，得到
离散化条件属性量化参数见表 7 - 10。

表 7 - 10　条件属性量化参数

条件属性	断点	条件属性量化值		
		1	2	3
C1	1.5　4.5	(0, 1.5)	[1.5, 4.5)	[4.5, *)
C2	0.5	(0, 0.5)	[0.5, *)	—
C3	2.5　3.5	(0, 2.5)	[2.5, 3.5)	[3.5, *)
C5	1.5　2.5	(0, 1.5)	[1.5, 2.5)	[2.5, *)

条件属性	断点	条件属性量化值		
		1	2	3
C6	1.5	(0, 1.5)	[1.5, *)	——
C8	1.5	(0, 1.5)	[1.5, *)	——
C10	1.5　2.5	(0, 1.5)	[1.5, 2.5)	[2.5, *)
C11	1.5	(0, 1.5)	[1.5, *)	——
C14	1.5	(0, 1.5)	[1.5, *)	——
C15	3.5	(0, 3.5)	[3.5, *)	——
C17	1.5	(0, 1.5)	[1.5, *)	——
C21	1.5	(0, 1.5)	[1.5, *)	——
C22	1.5	(0, 1.5)	[1.5, *)	——

注：*——以上。

（3）决策表属性约简

依据上述采用 Boolean 算法进行二次离散化后的决策表，进行下一步属性约简。属性约简是粗糙集算法的核心内容，本节采用遗传算法进行属性约简，主要有 Genetic algorithm、Johnson's algorithm 及 Holte's 1R 三种约简算法。将通过离散化后的决策表进行 Rosetta 软件三种算法约简，具体约简个数及包含属性个数结果见表 7 - 11。

表 7 - 11　三种算法属性约简结果

	Genetic algorithm	Johnson's algorithm	Holte's 1R
约简个数	27	1	23
包含属性个数	19	12	23

通过表 7 - 11 可以清晰地看出 Holte's 1R 算法并没有约简，条件属性保持仍在 23 个，因而排除 Holte's 1R 算法，采用剩余两种算法结果进行约简，通过 Genetic algorithm 算法生成的可能约简结果，见表 7 - 12 和表 7 - 13。

表7-12 基于 **Genetic algorithm** 算法生成的可能约简

Reduct	Surpport	Length
{C1, C2, C3, C5, C7, C8, C9, C10, C11, C17, C19, C21, C22}	100	13
{C1, C2, C3, C7, C8, C9, C10, C11, C14, C15, C17, C19, C21, C22}	100	14
{C1, C2, C3, C5, C7, C8, C10, C11, C14, C15, C17, C19, C21, C22}	100	14
{C1, C2, C3, C5, C7, C8, C9, C10, C11, C14, C15, C17, C19, C22}	100	14
{C1, C2, C3, C5, C6, C7, C8, C9, C10, C11, C14, C17, C21, C22}	100	14
{C1, C2, C3, C5, C7, C8, C10, C11, C14, C15, C17, C21, C22, C23}	100	14
{C1, C2, C3, C5, C7, C8, C9, C10, C11, C14, C17, C21, C22, C23}	100	14
{C1, C2, C3, C5, C6, C7, C8, C10, C11, C14, C17, C21, C22, C23}	100	14
{C1, C2, C3, C5, C6, C8, C9, C10, C11, C14, C15, C17, C21, C22}	100	14
{C1, C2, C3, C5, C7, C8, C10, C11, C12, C14, C17, C19, C21, C22}	100	14
{C1, C2, C3, C5, C6, C7, C8, C10, C11, C14, C17, C18, C21, C22}	100	14
{C1, C2, C3, C5, C7, C8, C10, C11, C12, C13, C14, C15, C17, C21, C22}	100	15
{C1, C2, C3, C7, C8, C9, C10, C11, C13, C14, C17, C18, C19, C21, C22}	100	15
{C1, C2, C3, C5, C8, C9, C10, C11, C14, C15, C17, C18, C19, C21, C22}	100	15
{C1, C2, C3, C5, C7, C8, C9, C10, C11, C12, C14, C17, C18, C19, C22}	100	15
{C1, C2, C3, C5, C6, C7, C8, C9, C10, C14, C17, C18, C19, C21, C22}	100	15
{C1, C2, C3, C5, C7, C8, C10, C11, C12, C14, C15, C17, C18, C21, C22}	100	15
{C1, C2, C3, C5, C7, C8, C9, C10, C11, C14, C15, C17, C18, C21, C22}	100	15
{C1, C2, C3, C5, C7, C8, C10, C11, C13, C14, C15, C17, C18, C21, C22}	100	15
{C1, C2, C3, C5, C7, C8, C10, C11, C12, C14, C17, C18, C21, C22, C23}	100	15
{C1, C2, C3, C5, C6, C8, C10, C11, C14, C15, C17, C18, C19, C21, C22}	100	15
{C1, C2, C3, C5, C7, C8, C10, C11, C13, C14, C17, C18, C19, C21, C22, C23}	100	16
{C1, C2, C3, C5, C6, C8, C10, C11, C12, C13, C14, C15, C17, C19, C21, C22}	100	16
{C1, C2, C3, C6, C8, C9, C10, C11, C12, C14, C15, C17, C18, C19, C21, C22}	100	16
{C1, C2, C3, C5, C6, C7, C8, C10, C11, C14, C15, C17, C18, C19, C22, C23}	100	16
{C1, C2, C3, C5, C6, C7, C8, C9, C10, C11, C13, C14, C17, C18, C19, C22, C23}	100	17
{C1, C2, C3, C5, C6, C8, C10, C11, C12, C13, C14, C15, C17, C18, C21, C22, C23}	100	17

表 7 - 13　基于 Johnson's algorithm 算法生成的可能约简

Reduct	Surpport	Length
{C1，C2，C3，C5，C7，C8，C10，C11，C14，C17，C21，C22}	100	12

比对三种算法对指标约简，支持度均为 100 的条件下。Johnson's algo-rithm 算法约简个数最少，其所得指标对照，见表 7 - 14。

表 7 - 14　基于 Johnson's algorithm 算法生成的约简指标对照

一级指标	二级指标	条件属性
发明人相关	第一发明人职称	C1
	第一发明人职务	C2
	专利发明人人数	C3
	第一发明人参与申请的专利数量	C5
	第一发明人合作机构数	C7
	第一发明人合作论文次数	C8
专利文本特征	专利度（主权项数量）	C10
	技术宽度	C11
	专利存在时间	C14
专利市场关注度	引用次数	C17
	专利转让方式	C21
	专利权转让时间	C22

（4）决策表规则提取

在进行离散化及属性约简后，针对此时约简后的决策表进行规则提取，比较不同约简算法的方法规则生成个数比较，见表 7 - 15。

表 7 - 15　决策规则个数比较

指标 ＼ 方法	Genetic algorithm	Johnson's algorithm
规则个数	7306	269
RHS Accuracy	1.0	1.0

RHS Accuracy 代表规则准确度，由表 7 - 15 中明确看出 Genetic algorithm 及 Johnson's algorithm 算法属性约简后得出的决策规则准确度显示均为100%，且在相同准确度条件下 Johnson's algorithm 算法属性约简后生成的决策规则数远远小于 Genetic algorithm 属性约简后生成的决策规则数。依据最小决策规则提取原则，本节采用 Johnson's algorithm 算法所得出规则，即决策规则个数269条。其中专利价值等级对应规则数量见表7-16。由于全部规则个数较多，这里仅列示部分决策规则，见表7-17，全部决策规则见附录一。

表7-16　专利价值等级对应规则数量比较

价值等级	1	2	3	4	5
规则个数	53	45	69	59	43

表7-17　基于粗糙集理论的专利价值评估决策规则（部分）

1	C1([0,2))；C2([0,1))；C3([0,3))；C5([0,2))；C7(1)；C8([0,2)；C10([0,2))；C11([0,2))；C14([2,*))；C17([0,2))；C21([2,*))；C22([0,2)) => D(1)
2	C1([0,2))；C2([0,1))；C3([0,3))；C5([0,2))；C7(1)；C8([0,2)；C10([2,3))；C11([0,2))；C14([2,*))；C17([2,*))；C21([2,*))；C22([0,2)) => D(1)
3	C1([0,2))；C2([0,1))；C3([0,3))；C5([0,2))；C7(1)；C8([0,2)；C10([3,*))；C11([0,2))；C14([0,2))；C17([2,*))；C21([2,*))；C22([0,2)) => D(4)
4	C1([0,2))；C2([0,1))；C3([0,3))；C5([0,2))；C7(1)；C8([0,2)；C10([3,*))；C11([2,*))；C14([2,*))；C17([0,2))；C21([2,*))；C22([0,2)) => D(1)
5	C1([0,2))；C2([0,1))；C3([0,3))；C5([0,2))；C7(1)；C8([2,*)；C10([2,3))；C11([2,*))；C14([2,*))；C17([2,*))；C21([2,*))；C22([0,2)) => D(4)
6	C1([0,2))；C2([0,1))；C3([0,3))；C5([0,2))；C7(1)；C8([2,*)；C10([3,*))；C11([0,2))；C14([0,2))；C17([0,2))；C21([2,*))；C22([2,*)) => D(1)
7	C1([0,2))；C2([0,1))；C3([0,3))；C5([0,2))；C7(3)；C8([0,2)；C10([3,*))；C11([2,*))；C14([2,*))；C17([2,*))；C21([2,*))；C22([2,*)) => D(4)
8	C1([0,2))；C2([0,1))；C3([3,4))；C5([0,2))；C7(1)；C8([0,2)；C10([2,3))；C11([0,2))；C14([0,2))；C17([0,2))；C21([2,*))；C22([0,2)) => D(3)
9	C1([0,2))；C2([0,1))；C3([3,4))；C5([0,2))；C7(1)；C8([0,2)；C10([2,3))；C11([0,2))；C14([2,*))；C17([0,2))；C21([2,*))；C22([0,2)) => D(2)
10	C1([0,2))；C2([0,1))；C3([3,4))；C5([0,2))；C7(1)；C8([0,2)；C10([3,*))；C11([0,2))；C14([2,*))；C17([2,*))；C21([2,*))；C22([2,*)) => D(2)
11	C1([0,2))；C2([0,1))；C3([3,4))；C5([0,2))；C7(1)；C8([2,*)；C10([0,2))；C11([2,*))；C14([0,2))；C17([2,*))；C21([2,*))；C22([0,2)) => D(2)
12	C1([0,2))；C2([0,1))；C3([4,*))；C5([0,2))；C7(1)；C8([0,2)；C10([0,2))；C11([0,2))；C14([2,*))；C17([0,2))；C21([0,2))；C22([0,2)) => D(4)

续表

13	C1([0,2))；C2([0,1))；C3([4,*))；C5([0,2))；C7(1)；C8([0,2))；C10([2,3))；C11([0,2))；C14([2,*))；C17([2,*))；C21([2,*))；C22([0,2)) => D(1)
14	C1([0,2))；C2([0,1))；C3([4,*))；C5([0,2))；C7(1)；C8([0,2))；C10([2,3))；C11([0,2))；C14([2,*))；C17([2,*))；C21([2,*))；C22([2,*)) => D(3)
15	C1([0,2))；C2([0,1))；C3([4,*))；C5([0,2))；C7(1)；C8([0,2))；C10([3,*))；C11([0,2))；C14([0,2))；C17([0,2))；C21([2,*))；C22([0,2)) => D(2)
16	C1([0,2))；C2([0,1))；C3([4,*))；C5([0,2))；C7(1)；C8([0,2))；C10([3,*))；C11([0,2))；C14([0,2))；C17([2,*))；C21([2,*))；C22([0,2)) => D(5)
17	C1([0,2))；C2([0,1))；C3([4,*))；C5([0,2))；C7(1)；C8([0,2))；C10([3,*))；C11([0,2))；C14([2,*))；C17([0,2))；C21([0,2))；C22([0,2)) => D(1)
18	C1([0,2))；C2([0,1))；C3([4,*))；C5([0,2))；C7(1)；C8([2,*))；C10([3,*))；C11([0,2))；C14([2,*))；C17([0,2))；C21([2,*))；C22([0,2)) => D(2)
19	C1([0,2))；C2([0,1))；C3([4,*))；C5([0,2))；C7(3)；C8([2,*))；C10([2,3))；C11([0,2))；C14([0,2))；C17([0,2))；C21([2,*))；C22([0,2)) => D(2)
20	C1([0,2))；C2([1,*))；C3([4,*))；C5([3,*))；C7(1)；C8([0,2))；C10([2,3))；C11([0,2))；C14([2,*))；C17([2,*))；C21([2,*))；C22([0,2)) => D(1)
21	C1([2,5))；C2([0,1))；C3([0,3))；C5([0,2))；C7(1)；C8([0,2))；C10([0,2))；C11([0,2))；C14([2,*))；C17([0,2))；C21([2,*))；C22([0,2)) => D(1)
22	C1([2,5))；C2([0,1))；C3([0,3))；C5([0,2))；C7(1)；C8([0,2))；C10([2,3))；C11([0,2))；C14([0,2))；C17([2,*))；C21([2,*))；C22([0,2)) => D(4)
23	C1([2,5))；C2([0,1))；C3([0,3))；C5([0,2))；C7(1)；C8([0,2))；C10([2,3))；C11([0,2))；C14([2,*))；C17([0,2))；C21([2,*))；C22([0,2)) => D(2)
24	C1([2,5))；C2([0,1))；C3([0,3))；C5([0,2))；C7(1)；C8([0,2))；C10([3,*))；C11([0,2))；C14([0,2))；C17([2,*))；C21([2,*))；C22([0,2)) => D(1)

注：*——以上。

（5）决策规则测验集检验

本节开始对全部搜集到的 336 条数据进行划分，分为训练集 U_{train} = $[X_1,X_2,\cdots,X_{272}]$，和测试集 U_{test} = $\{X_{2/3},X_{332},\cdots,X_{336}\}$。这里通过 Boolean 算法进行离散化，Johnson's algorithm 算法进行属性约简并生成 269 条决策规则，对训练集 U_{test} 进行检验，测试其可信度。获得预测价值等级与实际专利价值等级一致，则表明通过所有步骤所产生的规则具有较高的可信度与解释度。以此表明在专利价值评估过程中能依据上述产生的规则对专利进行价值评估。

表7-18 测试集规则检验对照

序号	条件属性												预测	实际	是否一致
	C1	C2	C3	C5	C7	C8	C10	C11	C14	C17	C21	C22			
X273	0	0	3	1	1	1	2	1	1	1	3	0	3	3	是
X274	0	0	3	1	1	2	1	2	1	2	3	1	2	2	是
X275	3	0	2	1	1	1	2	1	2	1	3	0	2	1	否
X276	3	0	3	1	1	1	4	2	2	1	3	2	2	5	否
X277	3	0	4	1	1	2	2	2	1	1	3	1	4	4	是
X278	3	0	4	1	1	2	1	2	1	1	3	1	4	4	是
X279	4	0	1	1	1	2	5	2	1	1	3	0	1	1	是
X280	4	0	1	1	2	2	1	2	1	3	2	3	3	是
X281	4	0	2	1	1	3	3	2	3	1	2	1	5	5	是
X282	4	0	2	1	2	2	2	1	1	2	2	2	5	3	否
X283	4	0	2	1	2	2	2	1	2	2	2	5	3	否
X284	4	0	3	1	1	2	1	2	2	3	2	1	1	是
X285	4	0	3	1	1	1	1	2	1	1	1	4	2	否
X286	4	0	3	1	1	2	1	2	2	3	0	1	1	是
X287	4	0	3	1	1	2	1	2	1	1	2	2	2	是
X288	4	0	3	1	1	3	1	1	2	2	2	2	1	3	否
X289	4	0	3	1	5	2	3	3	1	2	3	1	3	3	是
X290	4	0	3	2	1	3	3	1	3	1	3	3	4	4	是
X291	4	0	4	1	1	2	2	2	1	3	2	1	1	是
X292	4	0	4	2	1	3	1	1	1	1	3	0	1	1	是
X293	4	0	4	2	2	2	2	2	2	2	3	1	3	3	是
X294	4	0	5	1	1	1	2	1	2	3	1	2	1	否
X295	4	0	5	1	1	1	2	1	2	3	1	2	2	是
X296	4	1	3	2	1	1	1	2	1	3	2	3	3	是
X297	5	0	1	1	2	2	3	2	2	1	3	0	4	4	是
X298	5	0	1	1	2	4	3	1	2	2	3	2	3	3	是
X299	5	0	2	1	1	1	1	1	3	1	1	1	4	1	否
X300	5	0	2	1	1	1	1	2	3	1	3	1	1	1	是

序号	条件属性												预测	实际	是否一致
	C1	C2	C3	C5	C7	C8	C10	C11	C14	C17	C21	C22			
X301	5	0	2	1	1	1	2	1	2	1	1	0	3	1	否
X302	5	0	2	1	1	2	2	1	2	1	3	2	1	1	是
X303	5	0	2	1	1	3	2	1	2	1	3	2	1	3	否
X304	5	0	2	1	1	3	1	2	2	3	3	2	1	1	是
X305	5	0	2	1	2	1	1	1	1	1	1	0	3	3	是
X306	5	0	2	2	5	3	3	1	1	1	3	2	3	3	是
X307	5	0	2	5	5	5	1	2	2	1	3	1	4	4	是
X308	5	0	3	1	1	1	2	1	2	2	3	0	4	4	是
X309	5	0	3	1	1	2	2	1	1	2	1	0	3	1	否
X310	5	0	3	1	1	2	2	1	2	1	3	0	2	1	否
X311	5	0	3	1	1	3	2	1	1	2	1	0	3	1	否
X312	5	0	3	1	1	3	4	2	2	1	3	2	2	3	否
X313	5	0	3	2	3	3	3	2	2	1	3	0	5	5	是
X314	5	0	3	2	5	3	2	3	2	1	3	2	4	4	是
X315	5	0	3	2	5	3	3	2	2	2	3	2	4	3	否
X316	5	0	3	4	2	1	3	2	1	1	1	0	5	5	是
X317	5	0	4	1	1	1	1	2	2	1	1	1	1	1	是
X318	5	0	4	1	1	1	1	2	2	1	1	1	1	1	是
X319	5	0	4	1	1	1	2	1	2	2	3	2	1	1	是
X320	5	0	4	1	1	3	2	2	2	1	3	2	1	1	是
X321	5	0	4	1	2	3	4	2	1	2	1	0	5	5	是
X322	5	0	4	2	1	4	1	2	2	1	1	1	1	1	是
X323	5	0	5	1	1	1	1	1	2	1	1	1	3	3	是
X324	5	1	2	1	1	1	3	1	2	1	1	1	3	3	是
X325	5	1	2	1	1	1	2	2	2	1	3	0	1	1	是
X326	5	1	2	1	1	1	2	2	2	1	3	0	1	1	是
X327	5	1	2	1	1	1	4	2	1	2	3	0	5	1	否
X328	5	1	2	1	3	1	3	2	2	1	1	3	4	4	是

| 序号 | 条件属性 | | | | | | | | | | | | 预测 | 实际 | 是否一致 |
	C1	C2	C3	C5	C7	C8	C10	C11	C14	C17	C21	C22			
X329	5	1	2	2	1	1	2	1	2	1	3	2	4	4	是
X330	5	1	2	2	1	1	2	1	2	1	3	2	4	4	是
X331	5	1	3	1	1	3	2	1	2	1	3	2	2	1	否
X332	5	1	3	2	4	5	3	1	1	1	2	1	2	2	是
X333	5	1	3	2	4	5	3	2	1	1	2	1	2	2	是
X334	5	1	4	1	3	1	1	2	2	1	1	1	3	3	是
X335	5	1	4	5	1	5	2	2	2	2	1	3	3	3	是
X336	5	1	4	5	1	5	2	2	2	1	1	1	2	2	是

通过表 7-18 的测试集检验，表明通过粗糙集 Johnson's algorithm 算法获得的 269 条规则对专利价值有较高的可信度，预测专利价值等级在 64 条测试集中有 17 条实际与预测不符，正确率为 73.44%。

通过对粗糙集基础理论的分析，以及应用专门用于粗糙集运行的软件 Rosetta，构建粗糙集的专利价值评估模型。通过 336 条专利数据按照 4∶1 比例分配训练集与测试集，经过专利价值分级、文本量化等操作，使用 Rosetta 软件对其进行离散化、属性约简及规则提取。通过 Boolean、MDL、Equal Frequency、Naive、Semi-naive 算法离散化，依据断点数少，简便者为佳，选取仅有 17 个断点数的 Boolean 算法进行离散化。随后对离散化后的决策表使用 Genetic algorithm、Johnson's algorithm 及 Holte's 1R 三种约简算法，Holte's 1R 算法并没有约简，条件属性仍为 23 个，Genetic algorithm、Johnson's algorithm 算法约简后属性支持度均为 100，且 Johnson's algorithm 算法更为精简仅为 12 个，指标分别为第一发明人职称、第一发明人职务、第一发明人人数、第一发明人参与申请的专利数量、第一发明人合作机构数、第一发明人合作论文次数、专利度、技术宽度、专利存在时间、引用次数、专利转让方式、专利权转让时间。分别对 Genetic algorithm、Johnson's algorithm 算法约简后的决策表进行规则提取，所得规则个数分别为 7306、269 个，准确度均为 100%。因而通过 269 个规则对测试集数据进行检验，正确率达 73.44%。

7.3　基于 BP 神经网络的知识产权价值评估

最早的 BP 神经网络理论是 Rumelhart 和 McCelland 等组成的专家小组提出的，这是一种通过误差逆运算，得出每个神经元的独自误差，然后通过传递出的信息对每个神经元权重进行优化修复，这是一种周而复始的运算过程，直至得出预期误差内的结果为止。此类算法步骤：①数据的正向传播，当样本数据进入测试程序时，通过各个隐含神经元的测算，将最终的结果传向输出层，如果输出层得出的结果与预期得到的结果之间的误差不能在忽略的范围内，则程序进入到逆向传导的步骤，这个过程的进行主要是对输出层的误差通过隐含神经元向前依次分摊，提供数据修正的依据；②根据输出的结果进行数据的调整，周而复始的进行程序的运转；③得出期望的输出结果。在这种专利价值评估过程中，多个影响因素之间的权重是经过众多次数据修正得出的最有效率的结果。

7.3.1　BP 神经网络概述

（1）神经网络原理

神经网络（Neural Networks，NN），又名人工神经网络（Artificial Neural Networks，ANN），顾名思义是由人的神经系统触发得出的一种新型理论，即借助数学方法通过软件实施转化人类大脑对数据的处理。神经网络通过其独有的操作过程，对研究数据进行分析处理，得出思维定式以达成对其他相同类型数据进行预测分析。神经网络是由多个神经元组合而成，从简单的单个神经神经元，到多个神经元组合形成一个巨大的神经元网络就变得尤为复杂，不易通过简单人工分析就能得出内在规律，通过在众多神经元间不同的连接形成各异的网络结构，需要通过不同的操作进行研究，因而需要灵活构建模型以进行应对。神经网络系统主要通过输入层、隐含层与输出层操作，神经元是这个庞杂网络系统中可划分的最小单元。

经过近 40 年的研究与应用，目前神经网络在各领域的应用已经逐渐成熟。神经网络与多元线性回归方法的最大不同之处在于隐含层的函数关系是不需要确定的，神经网络只需要设置激活函数与学习规划，软件就能够通过现有数据信息不断学习与训练，最终得到输入结果。以便为之后类似数据信息以相同路径进行计算，以达到最终得出输入结果的目的。

BP 神经网络是一个支持 N 对 N 的多点输入、多点输出的非线性程度非常高的映射。神经网络算法自出现至今，学者对其的研究有了很多成果，主要算法包括感知机学习算法、BM 机学习算法与 BP 神经网络等。BP 神经网络（Back Propagation Neural Network），又称误差反向传播神经网络，是神经网络中学者研究最多、使用范围最大的一种。BP 神经网络是通过输入后所得出的输出值与实际值差额平方和，不断调解隐含层数值使其最小的学习型算法。BP 神经基本结构与神经网络基本结构一致，均包含有输入层、隐含层与输出层，其中隐含层并不一定唯一，可能存在一个或多个隐含层。各层与相邻层各个神经元均连接，但同一层神经元间不连接。BP 神经网络的基本结构如图 7-4 所示。

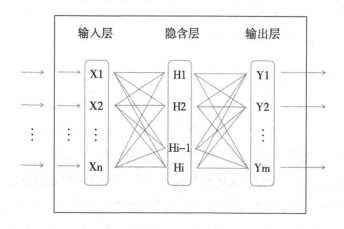

图 7-4 神经网络基本结构

神经网络的训练主要是在数据的处理过程中，通过网络前向反馈的误差，模型自动处理减少误差的操作，改变模型层与层各个节点之间权数以及控制变量的阀值，直到模型反馈的误差在要求的精度范围之内则停止训练。在实际运用中，为减少模型训练的时间，优化模型训练的时间，优化模型训练的效果，进一步提高模型训练的收敛速度，可以采取很多的训练方法。最常用的提高模型训练效率的方法是梯度下降法。

（2）BP神经网络的特点

神经网络模型建立以来，很多领域都利用神经网络模型进行不同程度的研究与发展，例如，自动化领域、信息领域及医学领域等。随着模型发展区域成熟化，很多经济学家和管理学家也都参与到神经网络模型的研究中，试图将神经网络应用到经济学领域，当然也取得了很好的效果。当前，神经网络在经济学与管理学领域的应用主要集中于价值与风险评估中，如期权价值评估及信用风险评估等。为确定神经网络模型是否适用专利价值评估，总结了神经网络模型的五个方面的特点，如下所述。

①效率高。神经网络的应用在很大程度上减少了数据分析及模型建立的工作量。在以往的需要建立模型的分析中，选用的数据一般都比较复杂，并且相互之间的关系很难确定，为了分析各因素之间的关系需要通过大量的数据搜集分析，然后建立复杂的模型。神经网络是一种模拟人脑神经系统的智能化的模型，通过神经网络程序的训练可以发现数据内部存在的各种关系，大量减少了人力劳动在这方面的影响。这种模型的应用首先降低了使用者的劳动量，同时分析数据是通过智能化的分析获取的，因此对现象的分析更具有说服力。

②数据处理能力强。神经网络是一种模拟人脑神经系统的智能化的模型，在模型信息的处理上具有与人脑相似的强大功能。在神经网络模型中，每一个神经元都特别简单，主要由三部分组成：输入层、隐含层、输出层。但是看似简单的模型却经过如人脑般的数据处理即对每一个神经元的处理都是经过并行的方式进行，对所有的数据同时进行分析，大大增加了数据的处理能力。且这种信息的并行处理能力也对非线性的复杂问题有很好的模拟能力。

③自我学习能力强。神经网络的信息处理系统与人脑具有很强的相似性，都是对众多信息的并行处理，且对于训练好的模型具有很好的自我学习、分析能力，在一定程度上具有人脑的思维能力。这种对数据并行处理的能力加强了数据处理的速度及提高了单纯依靠人力处理信息的可靠性。

另外，神经网络对信息的处理过程并不是简单的对以往信息处理的记忆，而是通过不同的训练模式，对重新输入的数据进行高密度的分析，发现数据之间的联系，重新进行新的处理程序的记忆，然后根据新的信息处理程序对数据进行输出。

④多层次映射的模型。在以往的数据处理中，一般都是根据已经搜集到的样本数据，找寻其中各个因素与要得到的结论之间的关系，然后根据找寻的关系确定研究数据的信息，其本质的内容就是要找到影响因素与结果之间的关系，以及对未知数据的推测。但现实生活中，很难找到可以反映因素与决定变量之间关系的函数，因此就要通过一定的模型工具，探寻结论与因素之间的关系，例如神经网络就是这样一种工具。根据神经网络的定义，在神经网络中，通过输入层、隐含层、输出层之间的链接，通过对样本数据的训练，找寻变量与结果之间的映射关系，只不过在神经网络中，采用的是三个层次的分析，利用零次映射找寻变量与结论之间的关系。在这个过程中会通过正向和反向的推断，逐步确定各个节点之间的权重。在神经网络模型中，只要确定有效的权重、阈值与转移函数，理论上可以解决任何形式的数据处理方面的问题。

⑤信息存储一体化。在以往的数据处理中采用的方法一般是先进性信息的储存，当信息成为自己储存的一部分后，再进行信息的处理，这两个过程是相互分离的。然而研究表明，这种数据的处理方式不仅仅可以增加数据处理的难度，同时加大了数据处理的时间，也有可能因为中间某个环节的失误造成数据处理的整体效果下降，就如同木桶理论一样，只有在数据处理时各个程序同时进行，才能最大限度地提升数据处理的效力。神经网络则可以有效地解决上述问题，首先神经网络在进行数据储存的同时进行数据的简单处理，其次根据其并列处理数据的特点，将所有的数据一次性的处理完毕，减少了因为某一环节出现问题而导致分析结果不准确的问题。另外神经网络一个强大的功能是对输入的数据具有自我判断能力，如果输入的数据与记忆中的数据存在很大程度上的差异，则会对数据进行主动的剔除，不会因为效果不好的数据引入而降低模型的处理能力。

神经网络这五个方面的特点，决定了在处理数据时具有自身的优势，任何形式的数据处理均可以利用神经网络进行研究分析。

（3）BP 神经网络在专利价值评估的适用性

众所周知专利具有多维度、难测量、风险大、不确定性等主要特点，因而在专利价值评估分析过程中市场基准的专利价值评估方法不能很好满足测量需求。神经网络作为一种模拟人脑处理信息的方法，在处理数据的同时不仅可以对信息进行简单的储存处理，同时还可以进行自主学习、判断、推广等，可以有效地确保处理数据的有效性。神经网络在处理非线性、多维度、高难度的数据分析中具有绝对优势，因此，神经网络在专利价值评估中具有极强的适用性。在利用神经网络对复杂的专利信息处理时，可以从多角度进行分析，不管是经济方面、法律方面还是技术方面，也不管数据之间的依存度有多大，它总能找到一种函数，使模型预测值接近真实值。在利用神经网络对专利价值进行评估时首先要进行的是模型的训练，这就要进行历史数据的搜集，在搜集数据的时候应该注意的是：搜集的信息尽量全地代表专利技术的价值，另外选择的信息样本应该是具有代表性的经典专利，尽量具有相同的特性等。在对信息进行输入之前还要对信息进行量化的调整，因为代表专利价值的信息有些是定性的，因此就要确定标准将定性的因素用量化的形式表达出来。神经网络模型的建立首先要进行模型的训练才能形成，因此还要对搜集到的样本进行分组，一组用来进行模型的训练、一组用来进行模型的检验。在检验通过以后，则模型建立。在对其他的专利进行价值评估的时候，可以直接输入数据，就可以得到准确度比较高的结果。

（4）BP 神经网络的操作流程

BP 神经网络的操作步骤较为固定，主要有两种操作，其一：为正向传播，主要是通过输入层进入隐含层计算，再经过输出层进行数值输出；其二：为反向调节，在经过正向操作后最后的输出值没有达到预判，差额数值过大，可以通过反向操作，依据实际输出值与预判值间的差额以调节指标属性的权重与阈值，再次传到输入值，直至差额减小至误差范围以内结束最终学习。正向传播过程中各层神经元只会受到上一层神经元影响。经过已有数据进行不断学习训练，以找到输入值与输出值间的联系，使实际中众多问题得到解决。

BP 神经网络的操作流程如图 7 - 5 所示。

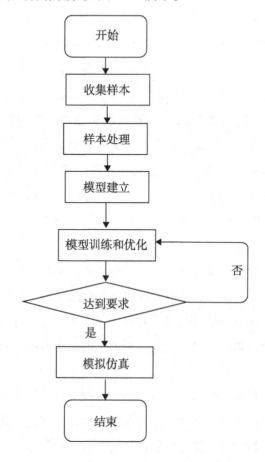

图 7 - 5　BP 神经网络操作流程

在普遍的三层网络中，假设输入向量是 $X = (x_1, x_2, \cdots, x_n)^T$ ，若给条件 $x_0 = -1$ ，表示为隐含层神经元引入阈值：隐含层输出向量是 $Y = (y_1, y_2, \cdots, y_m)$ ，若给条件 $y_0 = -1$ ，表示为输出层神经元引入阈值，则输出层向量为 $O = (o_1, o_2, \cdots, o_i)^T$ ，期望输出向量为 $d = (d_1, d_2, \cdots, d_k)^T$ ，输入层和隐含层之间的权值矩阵用 V 表示，$V = (v_1, v_2, \cdots, v_m)^T$ ，列向量 v_j ，为隐含层第 j 个神经元对应的权值向量：隐含层到输出层之间的权值矩阵命名为 $W = (w_1, w_2, \cdots, w_k)^T$ ，其中列向量 w_k 为输出层第 k 个神经元对应的权向量。

对于输入层，输入、输出均为 X :

输入:

$$net_j = \sum_{i=0}^{n} v_{ij}x_i, j = 1,2,\cdots,m \tag{7-5}$$

输出:

$$y_j = f(net_j), j = 1,2,\cdots,m \tag{7-6}$$

对于输出层有:

输入: $net_k = \sum_{j=0}^{m} w_{jk}y_j, k = 1,2,\cdots,i \tag{7-7}$

输出: $o_j = f(net_k), j = 1,2,\cdots,i \tag{7-8}$

其中, $f(\ast)$ 为激励函数, 此式中激励函数为 Sigmoid 函数。BP 神经网络通过激活函数对通过输入层的数据进行非线性处理以转换形式, 可以在隐含层进行运算, 并最终再次转化输出, 因而激活函数要求能够可微。激活函数的存在使神经网络区别于多元线性回归函数, 在 BP 神经网络中常用的激活函数多为 Sigmoid 函数, Sigmoid 函数又具体分为 Log – Sigmoid 函数与 Tan – Sigmoid 函数, 具体公式为:

Log – Sigmoid 函数: $f(x) - (1 + e^{-x})^{-1} \tag{7-9}$

Tan – Sigmoid 函数: $f(x) = (1 + e^{-2x})^{-1}(1 - e^{-2x}) \tag{7-10}$

$f(x)$ 具有连续、可导的特点, 且有 $f'(x) = f(x)[1 - f(x)] \tag{7-11}$

神经网络操作过程中, 经常会有实际输出值和期望值不同的情况出现, 将实际值与预期值间差额作为误差, 用 E 表示, 具体公式如下:

$$E = \frac{1}{2}\sum_{k=1}^{i} (d_k - o_k)^2 \tag{7-12}$$

将误差公式展开到隐含层有:

$$E = \frac{1}{2}\sum_{k=1}^{i} [d_k - f(net_k)]^2 = \frac{1}{2}\sum_{k=1}^{i} [d_k - f(\sum_{j=0}^{m} w_{jk}y_j)]^2 \tag{7-13}$$

通过变化展开得到输入层公式:

$$E = \frac{1}{2}\sum_{k=1}^{i} [d_k - f(\sum_{j=0}^{m} w_{jk}f(net_j))]^2$$

$$\tag{7-14}$$

$$= \frac{1}{2}\sum_{k=1}^{i} \{d_k - f[\sum_{j=0}^{m} w_{jk}f(\sum_{i=0}^{n} v_{ij}x_i)]\}^2$$

通过上述几个误差公式可以看出, 实际误差是不同层权值 w_{jk}、v_{ij} 的函数。至此可以得到，误差 E 并不是不能调节的，可以通过改变权值以达到调节误差大小的目的，使其在预期范围内更好地进行预测。为使实际值与预期值误差缩小，需要做的操作为：将误差的负梯度与权值的调整量成正比，即：

$$\Delta w_{jk} = -\eta \frac{\partial E}{\partial w_{jk}}, \, j = 0, \, 2, \, \cdots, \, m; \, k = 1, 2, \cdots, l$$

$$\Delta v_{ij} = -\eta \frac{\partial E}{\partial v_{ij}}, \, i = 0, \, 2, \, \cdots, \, n; \, j = 1, 2, \cdots, m \tag{7-15}$$

上述两个公式中的负号并不表示值为负数，含义梯度下降。其中，$\eta \in (0,1)$ 是比例系数，表示神经网络的学习效率，一般也称之为学习率。

为更直观看出对误差调整的权值调整公式，需要经过如下推导。在实际计算过程中，对输出层均有：$j = 0, \, 1, \, \cdots, \, m; \, k = 1, \, 2, \, \cdots, \, n$；对隐含层均有 $i = 0, \, 1, \, \cdots, \, n; \, j = 1, \, 2, \, \cdots, \, m$。

$$\begin{aligned}
\Delta w_{jk} &= -\eta \frac{\partial E}{\partial w_{jk}} \\[1em]
&= -\eta \frac{\partial E}{\partial net_k} \frac{\partial net_k}{\partial w_{jk}} \\[1em]
&= -\eta \frac{\partial E}{\partial o_k} \frac{\partial o_k}{\partial net_k} \frac{\partial net_k}{\partial w_{jk}} \\[1em]
&= -\eta \left[-(d_k - o_k) \right] \cdot f'(net_k) \cdot y_j \\[0.5em]
&= \eta (d_k - o_k) \cdot o_k \cdot (1 - o_k) \cdot y_j
\end{aligned} \tag{7-16}$$

如果让 $\delta_k^o = (d_k - o_k) \cdot o_k \cdot (1 - o_k)$，$\delta_k^o$ 则表示输出层误差信号，则

$$\Delta w_{jk} = \eta \delta_k^o y_i = \eta (d_k - o_k) \cdot o_k \cdot (1 - o_k) \cdot y_j \tag{7-17}$$

同理可得：

$$\begin{aligned}
\Delta v_{ij} &= -\eta \frac{\partial E}{\partial v_{ij}} \\[1em]
&= -\eta \frac{\partial E}{\partial net_j} \frac{\partial net_j}{\partial v_{ij}} \\[1em]
&= -\eta \frac{\partial E}{\partial y_j} \frac{\partial y_j}{\partial net_j} \frac{\partial net_j}{\partial v_{ij}} \\[1em]
&= -\eta \left[-\sum_{k=0}^{l} (d_k - o_k) f'(net_k) w_{jk} \right] \cdot f'(net_j) \cdot x_i
\end{aligned} \tag{7-18}$$

$$= \eta \Big[\sum_{k=0}^{l} (d_k - o_k) f'(net_k) w_{jk} \Big] \cdot f'(net_j) \cdot x_i$$

$$= \eta \Big[\sum_{k=0}^{l} (d_k - o_k) \cdot o_k \cdot (1 - o_k) \cdot w_{jk} \Big] \cdot y_j \cdot (1 - y_j) \cdot x_i$$

$$= \eta \Big(\sum_{k=1}^{l} \delta_k^o w_{jk} \Big) \cdot y_j \cdot (1 - y_j) \cdot x_i$$

如果让 $\delta_j^y = \big(\sum^{l} \delta_k^o w_{jk} \big) \cdot y_j \cdot (1 - y_j)$，$\delta_j^y$ 则表示隐含层的误差信号，则

$$\Delta v_{ij} = \eta \cdot \delta_j^y \cdot x_i = \eta \cdot \Big(\sum_{k=1}^{l} \delta_k^o w_{jk} \Big) \cdot y_j \cdot (1 - y_j) \cdot x_i$$

由此可得到，期望输出值与实际输出值间的差额决定着输出层最终输出的误差信号。各层的误差信号并不是独立的，而是切实与相邻前一层级误差信号息息相关，且由最终的输出层反向传递过来。通过上述层层推导计算，各层权值调整公式为：

$$w_{jk} = w_{jk} + \eta \delta_k^o y_j$$
$$w_{ij} = v_{ij} + \eta \delta_j^k x_i \tag{7-19}$$

依据上述权值调整的两个公式，在实际操作中可以对权值进行调整，然后使用经过调整后的权值进行训练。这一过程更是体现着 BP 神经网络信号前向计算与误差反向传播的特点。

7.3.2 基于 BP 神经网模型的专利价值评估

依据 BP 神经网络理论，构建专利价值评估模型，操作步骤流程如图 7-6 所示。

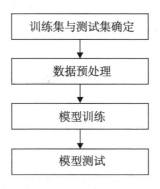

图 7-6 基于 BP 神经网络专利价值评估操作步骤流程

（1）训练集与测试集确定

本节选用的数据均为现实市场中已有转让价值，并通过现有专利数据库：国家知识产权局官网（http：//www.cnipa.gov.cn）及合享新创官网（https：//www.incopat.com），逐个对具体数据指标信息进行检索收集后的336条专利数据。在基于粗糙集与BP神经网络进行实证前均将指标中的文本指标数据，进行提炼规律并分层，进行相同数值转化。专利转让价值进行价值分级，具体分级对应见表5-2。

这里对训练集与测试集的选取采用与基于粗糙集方法一致的4∶1分配后的训练集与测试集。通过采用BP神经网络对训练集进行训练学习，再依据通过训练集确定的模型进行测试集测试，以验证模型准确度。

（2）数据预处理

BP神经网络可以做非线性输入输出，因而可以直接对现有数据进行训练学习，但通过适当的数据处理能够提升运行效率及精确度。因而对现有数据进行预处理——归一化，归一化就是通过标准化将数据呈现0～1正态分布，以达到避免数据大的变动范围对结果的影响。

本节使用Z-Score标准化方法对训练集与测试集数据进行归一化。Z-Score标准化方法的计算公式为：

$$z = (x - \mu)/\sigma \qquad (7-20)$$

公式中z表示归一化的最终结果，x表示数据值，μ是均值，σ是标准差。z的具体量表示原数值与均值间差值，可能为负值。

对数据进行预处理有以下优点：能够减弱或消除量纲对结果的影响，使运行速度增加，避免过于拟合。

（3）模型训练

本节采用Python软件进行神经网络专利价值评估模型构建。对参数设定步骤如图7-7所示。

①神经网络层数确定。BP神经网络结构包含有输入层、隐含层与输出层，隐含层数量可能不唯一。在通过Python进行多次测试，隐含层数量在3个，模型准确率高。因而本节采用五层神经网络结构进行训练学习，即包含有三个隐含层。

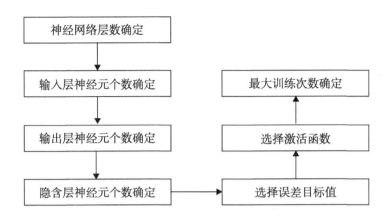

图7-7 参数设定步骤

②输入层神经元个数确定。在前文对指标筛选选择中粗糙集的指标筛选具有一定优势,因而本节在基于 BP 神经网络构建专利价值评估模型操作过程中,使用第五章中经过粗糙集采用 Johnson's 算法知识约简后的 12 个指标进行操作,详细见表 7-19。指标包含有发明人相关 6 个指标、专利文本特征 3 个指标,专利市场关注度 3 个指标。分别为:第一发明人职称、第一发明人职务、专利发明人人数、第一发明人参与申请的专利数量、第一发明人合作机构数、第一发明人合作论文次数、专利度、技术宽度、专利存在时间、引用次数、专利转让方式、专利权转让时间。因而 BP 神经网络结构中输入层神经元个数有 12 个。

表7-19 BP 神经网络输入层神经元

一级指标	二级指标	条件属性
发明人相关	第一发明人职称	C1
	第一发明人职务	C2
	专利发明人人数	C3
	第一发明人参与申请的专利数量	C5
	第一发明人合作机构数	C7
	第一发明人合作论文次数	C8

续表

一级指标	二级指标	条件属性
专利文本特征	专利度（主权项数量）	C10
	技术宽度	C11
	专利存在时间	C14
专利市场关注度	引用次数	C17
	专利转让方式	C21
	专利权转让时间	C22

③输出层神经元个数确定。本节是对专利价值进行评估，因而输出层神经元仅有 1 个输出值就是专利价值。故输出层神经元个数有且仅有 1 个。

④隐含层神经元个数确定。通过不断修改各隐含层神经元个数进行测试，对比不同个数条件下模型的准确率，保留相对较好且较为稳定的参数，最终得到 3 个隐含层的神经元个数分别为 16、32、16。

⑤选择误差目标值。在实际利用神经网络进行模型构建过程中，实际值与输出值可能存在一定差额，而且利用神经网络也是允许误差存在的。一般在实际操作过程中的误差目标值要根据问题是否有较高的规律性，如果规律性较强则误差目标值精度较高，一般在 10^{-6} 到 10^{-4} 之间；如果规律性较低，误差目标值精度就会有所降低，一般在 10^{-2}。仔细考虑多方因素，为保证精度较高、运算效率在同准确度条件下达到最高，这里选用 10^{-4} 作为模型误差目标值。

⑥选择激活函数。目前神经网络选用激活函数多为 Sigmoid 函数，Sigmoid 函数又具体分为 Log – Sigmoid 函数与 Tan – Sigmoid 函数。本节选择 Tan – Sigmoid 函数作为输入层与隐含层的激活函数。

⑦最大训练次数确定。通过软件对训练集训练可能训练时间过长，才达到设定的误差目标值，也可能存在达不到设定值，因而需要提前设定最大训练次数以避免时间过长或达不到情况出现，本节设定最大训练次数为 2000。

本次通过 BP 神经网络构建的专利价值评估模型，依据上述参数设定具体为：神经网络层数 5 层、输入层神经元 23 个、输出神经元 1 个、隐含层神经元分别为 16、32、16 个；误差目标值 10^{-4}、激活函数 Tan – Sigmoid 函数、最大训练次数 2000。

在上述参数设定下，通过 Python 软件进行训练，神经网络系统在内部进行训练学习，调整权重或阈值，构建评估模型及价值输出。本文所用 BP 神经网络模型见图 7 – 8。

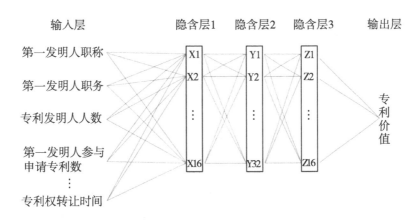

图 7 – 8　基于 BP 神经网络专利价值评估模型

输入层神经元特征重要度列示情况见图 7 – 9，图中柱形长度代表特征

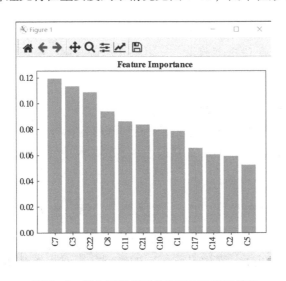

图 7 – 9　输入层神经元特征重要度列示情况

重要度。特征重要度从大到小列示见表 7 - 20。

表 7 - 20　特征重要度从大到小列示

条件属性	重要度
C7	0.119257
C3	0.113189
C22	0.108501
C8	0.093659
C11	0.086005
C21	0.083602
C10	0.079735
C1	0.078381
C17	0.065564
C14	0.060655
C2	0.059106
C5	0.052347

从图 7 - 9 中所建立 BP 神经网络专利价值评估模型图中，可以清晰地看到输入层包含有 12 个神经元，一共有 3 个隐含层，每个隐含层神经元个数分别为 16、32、16，输出层仅有 1 个神经元。输入层输入数据严格遵守上下层级连接，同层级不连接原则。图 7 - 9 与表 7 - 20 中列示特征重要度，可以明确对专利价值影响程度由高到低的指标分别为：第一发明人合作机构数、专利发明人人数、专利权转让时间、第一发明人合作论文次数、技术宽度、专利转让方式、专利度（主权项数量）、第一发明人职称、引用次数、专利存在时间、第一发明人职务、第一发明人参与申请的专利数量。

针对训练集通过训练学习所得到的模型，再对训练集本身进行预测，所得准确率为 81.39%。见图 7 - 10。

BP神经网络模型：

E:\Location\xc\Anaconda\lib\site-packages\sklearn\neural ne

converged yet.

BP_score: 0.8139

图7-10 基于BP神经网络专利价值评估模型准确率

（4）模型测试

利用以上所得出的专利价值评估模型对64条测试集数据进行测试，预测结果与实际值比对情况见表7-21。

表7-21 专利预测值与实际值对照

序号	预测值	实际值	是否一致
X273	3	3	是
X274	2	2	是
X275	1	1	是
X276	5	5	是
X277	4	4	是
X278	2	4	否
X279	1	1	是
X280	3	3	是
X281	5	5	是
X282	3	3	是
X283	3	3	是
X284	5	1	否
X285	2	2	是
X286	1	1	是
X287	2	2	是
X288	3	3	是
X289	3	3	是

序号	预测值	实际值	是否一致
X290	4	4	是
X291	1	1	是
X292	1	1	是
X293	3	3	是
X294	2	1	否
X295	2	2	是
X296	1	3	否
X297	4	4	是
X298	3	3	是
X299	1	1	是
X300	1	1	是
X301	4	1	否
X302	1	1	是
X303	3	3	是
X304	4	1	否
X305	3	3	是
X306	3	3	是
X307	4	4	是
X308	4	4	是
X309	3	1	否
X310	1	1	是
X311	1	1	是
X312	3	3	是
X313	5	5	是
X314	3	4	否
X315	3	3	是
X316	5	5	是
X317	1	1	是

序号	预测值	实际值	是否一致
X318	3	1	否
X319	1	1	是
X320	1	1	是
X321	5	5	是
X322	1	1	是
X323	3	3	是
X324	3	3	是
X325	1	1	是
X326	1	1	是
X327	1	1	是
X328	4	4	是
X329	4	4	是
X330	4	4	是
X331	5	1	否
X332	2	2	是
X333	2	2	是
X334	3	3	是
X335	4	3	否
X336	4	2	否

通过表 7 - 21 的测试集检验,表明通过 BP 神经网络构建的专利价值评估模型对专利价值预测有较高的可信度,预测专利价值等级在 64 条测试中有 12 条与实际预测不符,预测准确 52 例,准确率为 81. 25% 。

7.3.3　两种方法评估结果对比分析

上述两种方法使用相同处理后的训练集与测试集进行训练,并后续测试集预测,两种方法模型结果见表 7 - 22。

表7－22　专利预测值与实际值对照

序号	粗糙集预测	神经网络预测	实际	序号	粗糙集预测	神经网络预测	实际	序号	粗糙集预测	神经网络预测	实际
X273	3	3	3	X295	2	2	2	X317	1	1	1
X274	2	2	2	X296	3	1	3	X318	1	3	1
X275	2	1	1	X297	4	4	4	X319	1	1	1
X276	2	5	5	X298	3	3	3	X320	1	1	1
X277	4	4	4	X299	4	1	1	X321	5	5	5
X278	4	2	4	X300	1	1	1	X322	1	1	1
X279	1	1	1	X301	3	4	3	X323	3	3	3
X280	3	3	3	X302	1	1	1	X324	3	3	3
X281	5	5	5	X303	1	3	3	X325	1	1	1
X282	5	3	3	X304	1	4	1	X326	1	1	1
X283	5	5	5	X305	3	3	3	X327	5	5	5
X284	1	5	1	X306	3	3	3	X328	4	4	4
X285	4	2	2	X307	4	4	4	X329	4	4	4
X286	1	1	1	X308	4	4	4	X330	4	4	4
X287	2	2	2	X309	3	3	1	X331	2	5	1
X288	1	3	3	X310	2	1	1	X332	2	2	2
X289	3	3	3	X311	3	1	1	X333	2	2	2
X290	4	4	4	X312	2	3	3	X334	3	3	3
X291	1	1	1	X313	5	5	5	X335	3	4	3
X292	1	1	1	X314	4	3	4	X336	2	4	2
X293	3	3	3	X315	4	3	3				
X294	2	2	1	X316	5	5	5				

　　粗糙集方法模型依据最终 269 个规则对测试集数据进行检验，测试集预测结果中 47 组正确，17 组有误，正确率 73.44%；BP 神经网络方法模型测试集预测结果 52 组正确，12 组有误，正确率 81.25%。预测有误专利中评价结果相差价值等级情况见表 7－23。

表7-23　两种模型评价结果相差价值等级数量

相差价值等级	1	2	3	4
粗糙集	6	8	2	1
BP 神经网络	3	5	2	2

在相同价值等级差中预测等级多数价值高于实际值，造成此偏差原因可能如下：①数据量少且专利范围广，不同专利价值评价标准不尽相同，还不足以通过同一方法模型将全部类型专利价值做精准预测；②现有数据搜集有难度，且存在一定滞后性，个别指标可能没有及时更新，影响评估结果。

分别使用粗糙集与BP神经网络对测试集进行预测，在对最终结果比对中，测试集64组专利数据中两种方法预测均准确的有39组；21组数据只有一种方法预测正确，其中粗糙集模型预测错误的有13组，剩余8组为BP神经网络模型预测错误；预测均有误的有4组，其中有2组两种模型预测结果一致但与实际价值不同。造成上述情况可能是由于方法不一，造成对同一组数据最后的预测结果不一致情况。

7.3.4　本章小结

本章依据现有专利转让数据，结合众多影响因素构建指标体系，主要采用机器学习与模拟仿真法中粗糙集理论、BP神经网络理论，分别构建基于粗糙集理论的专利价值评估模型与基于BP神经网络专利价值评估模型，并对搜集到的336条专利数据进行训练集与测试集划分，划分比例为4：1，分别为272条、64条数据进行实测研究。由此得出以下结论：

①通过对现有专利价值评价指标体系的梳理，了解到随时间变化影响专利价值的因素也会变化，且现有指标体系中存在主观性过强不能数值转化的指标，使专利价值模型构建过程不准确。因而本章在文献基础上保留部分专利文本、法律度、市场关注度特征，并在此基础上新增加与专利密切相关的发明人相关指标，共23个二级指标，使指标体系更加充实全面。

②通过搜集到已有的专利价值转让数据，采用粗糙集与BP神经网络

构建模型，通过训练集获得规则，并采用测试集测试检验，准确率分别为 73.44%、81.25%，证实粗糙集与 BP 神经网络在实际专利价值评估中适用性、准确性高。

粗糙集理论相对于其他评估方法具有不需要先验知识、解决专利不确定性、指标约简等优点。在实际应用过程中 Boolean 算法与 Johnson's algorithm 算法可以较好地解决决策表中离散化与属性约简问题。Rosetta 软件包含强大的粗糙集功能，包含数据预处理及多种不同离散化和属性约简方法，可以进行对比多种算法获得的离散化断点及属性约简个数，尽管不同算法最终的规则个数相差较大，但总能得出既精简又准确的规则集合，支持专利价值评估。在上述实证分析中对测试集专利价值等级测试结果 73.44% 的正确率也体现了粗糙集理论与我国专利价值评估的高度契合。因此在实际应用过程中，企业或相关部门可以通过对专利各项指标信息进行收集，并根据上述所得 269 条规则进行专利价值评估，相对比其他方法更为简便。

BP 神经网络在操作过程中非线性处理、自我学习调整的功能尤为强大。通过 BP 神经网络所构建的专利价值评估模型，通过其自我学习训练构建模型相对简单，且模型准确率为 81.39%，对测试集进行检验测试所得的预测准确率为 81.25%，表明通过 BP 神经网络构建的专利价值评估模型在实际市场条件中适用且可靠，相对于评估人员人工测算，通过软件进行预测速度快，在实际应用过程中高效便捷，准确率高。

本章主要是将机器学习与仿真模拟法中粗糙集与 BP 神经网络应用于专利价值评估领域，粗糙集与 BP 神经网络两种算法可能受到时间和实践等多方面的制约，还存在不足之处，有待于在以后的学习中不断改进完善：第一，本章实证全部基于现有专利数据，对数据要求质量较高，但现行数据获取难度大，获取到的数据量不够多，还需进一步收集高质量的同类型专利数据及扩展指标体系，以便更全面地针对专利价值进行评估；第二，BP 神经网络在我国的应用较为广泛，并且已有学者在专利价值评估领域使用神经网络，但粗糙集理论及应用在我国仍处于发展阶段，还有待于进一步研究和探讨。

第四部分

知识产权价值评估的风险管理

第8章 知识产权价值评估的风险评价

8.1 知识产权价值评估的风险因素分析

由于目前知识产权的价值评估方法在全世界没有进行统一,所以其价值评估是按照各个国家的本国法律进行。我国目前所依据的法律法规主要有两部,一部是《资产评估执业准则——无形资产》,一部是《专利资产评估指导意见》,除此之外还有许多条例及试行办法等,给知识产权的价值评估提供了一定的参考依据,可由于缺少相关的实施细则和量化标准,形成了评估风险。评估风险的主要影响因素可以细化为三个方面:评估方法未标准化、主观风险、评估结果不确定。

8.1.1 评估风险

知识产权评估具有很高的技术性,需要评估人员具有很高的专业知识,否则很难对一项知识产权做出较为准确的评估。因此,评估机构的资质和信誉、评估人员的执业风险以及评估制度的完善性都会对评估结果产生影响,增加了知识产权评估的不确定性。另外,还存在评估方法上的风险,对于一个评估机构来说,评估一项知识产权的方法大都套用评估有形资产的方法,主要运用收益法。知识产权属于无形资产,具有较大的不稳定性,其未来的收益很难确定,评估方法参数的选择及客观环境的影响都使知识产权价值评估面临的风险加大。

①评估方法未标准化。我国虽然在 2009 年 7 月出台了上述两部法律法规,希望规范知识产权的评估操作,建立基本的知识产权评估程序。但由于其所特有的时效性与复杂性、相关准则的大量缺失,在评估方法标准化

方面存在巨大空白，无法进行约束，造成不同评估机构评估方法的多种多样，使同一知识产权的价值评估出现很大分歧。

②主观风险。由于我国知识产权评估体系的不健全，没有相关职业的统一考试，在缺乏大量专业评估人员的同时，知识产权价值评估人员的素质也是参差不齐，使本来就混乱不堪的评估机构更是雪上加霜，目前对于知识产权价值评估的高低，很大程度上取决于评估人员的个人认知水平高低，这就形成巨大的主观风险，对于同一专利，两个评估人员给出的评估价格相差巨大，难以让人信服。

③评估结果不确定。知识产权的价值评估有许多是无法可依、无例可循，没有任何一个评估结果可以说是绝对精准，造成评估结果的不确定性，而专利持有者即使对评估结果不满意也无法对评估价格提出质疑，间接造成知识产权质押融资市场的冷清。

8.1.2　技术风险

与固定资产价值评估相比，技术风险则是知识产权价值评估所特有的，这是因为知识产权具有时效性。影响技术风险的因素可以分为三部分：技术替代风险、技术再研发能力、技术流失程度。

①技术替代风险。随着时间的推进，科学技术的持续发展或技术路线的大规模改进，研发出新的可替代技术，使原有的知识产权价值降低，甚至变为零。

②技术再研发能力。知识产权的价值评估也有一部分由其再研发能力决定，再研发能力代表该技术在未来的发展潜力，潜力越高，被评估的价值肯定也越高。

③技术流失程度。随着时间的推移，以及应用专利技术的产品销售，专利技术的保密性会逐渐降低。这是因为该专利技术，或是被其他商家学习及应用，或是独有时间到期被国家广泛推行，造成技术流失。

8.1.3　管理风险

在很大程度上知识产权价值的实现取决于其公司的经营状况，公司经营状况越好，投给知识产权的资金越多，越有利于知识产权价值的大规模应用。具体可以分为两部分：管理风险和财务风险。

①公司的管理风险。进行知识产权质押融资的企业大多都是中小企业，这是因为中小企业在资金上都存在重大困难。但是之所以中小企业知识产权质押融资不够顺利，一方面是中小企业的规模受自身限制，可信程度低，经营风险大；另一方面是中小企业的管理水平低下，不能很好地取信于银行。

②公司的财务风险。中小企业的财务信息可信程度低，在银行相关的信用等级受其经营规模影响也较低，基本上都无法达到目前银行所设置的知识产权质押融资的门槛，难以获得贷款，造成恶性循环。

8.1.4　市场风险

任何一个公司的经营都无法离开市场，而任何一项知识产权只有经过市场的检验才能体现其自身的价值。市场风险由两部分组成：该技术的竞争水平，该技术处置难度。

①竞争水平。竞争水平指的是该技术在市场中与同类技术相比较谁能占有更多市场，竞争水平越低，说明在同行业中处于下风，市场风险越大，降低了知识产权质押融资的评估价值。

②处置难度。处置难度指的是知识产权在市场中变现的能力，处置难度越低，变现能力越强，市场风险越低，越利于其质押融资。

8.1.5　法律风险

法律风险在知识产权质押融资的风险中占有很大比重，原因在于法律独特的强制性和复杂多样性。法律风险具体可以分为权属风险、转让争议风险、强制许可风险、侵权风险、政策导向风险，法律完善风险。

①权属风险。权属风险指的是知识产权的所有权是否清晰完整，是否有可能与他人产生权属纠纷。一旦因为权属纠纷导致失去法律的认可，知识产权的价值就会瞬间归零。

②转让争议风险。虽然双方签署了转让协议，但如果在后期协议执行

中存在争议，也会影响知识产权的价值评估。例如，双方转让时签署的协议包含限制条款，会影响知识产权的价值，但质押融资时忽略了限制条款，高估价值。

③强制许可风险。强制许可指的是国家专利管理部门可以根据当时的具体情况，不经过权利人的许可，直接授权其他单位或个人使用该专利的一种方式。通常这种情况下专利人可以申请一定的经济补偿，但这种风险会导致知识产权迅速贬值，造成专利人的重大损失。

④侵权风险。侵权风险指的是产品被"山寨"而导致该产品所运用的知识产权受到巨大冲击，侵权风险在每个国家都有发生，但当今在我国尤为突出，这种风险极大地损害专利拥有者的经济利益，间接打击知识产权的创造积极性。

⑤政策导向风险。该风险指的是国家政策的改变间接影响知识产权的价值。例如，国家大力倡导，可能会提供政策上的优惠或是经济上的补贴等，从而导致该知识产权的价值迅速上升；国家严厉打击，则会使该知识产权迅速贬值。

⑥法律完善风险。指的是对相关知识产权的法律进行完善，弥补部分空白，降低知识产权价值评估的人为操作空间，导致知识产权的价值发生变化。

8.1.6 社会风险

社会风险指的是外部社会的大环境，具体可以分为三部分：该区域的经济发展趋势、该地区人均消费水平、该地区产权交易市场的发展状况。

①区域经济发展趋势。区域经济发展趋势指的是未来当地经济的发展情况，未来经济越好，则当地经济水平越高，知识产权越活跃，评估价值越高，反之则相反。

②人均消费水平。人均消费水平很大程度上决定了产品的销售情况，人均消费水平越高，产品销售数量越大，间接肯定了知识产权的价值。

③产权交易市场的发展状况。当地产权交易市场发展越完善，知识产权的变现问题越容易得到解决，越有利于知识产权的价值评估。

8.1.7　金融风险

①市场利率风险。市场利率的稳定性与企业生产的稳定性是直接挂钩的，市场利率的上升会增加企业在资金上的负担，企业受资金影响不得不降低生产规模，从而影响知识产权质押融资的评估价值。

②通货膨胀风险。通货膨胀会影响货币的实际购买能力，从而影响知识产权质押融资的价值评估。

③汇率的风险。知识产权可能不仅在一国之内进行流转，也可能在世界多个国家之间进行扩散，而在多国之间进行价值评估时就牵扯到汇率，用美元结算和用泰铢结算所面临的汇率风险是完全不同的，汇率越稳定所面临风险越小，从而促进知识产权质押融资的价值评估。

8.2　基于模糊综合评判的知识产权价值评估风险评价

8.2.1　基于模糊综合评判的价值评估风险评价思路

（1）确定评价指标体系和各评价指标的权重

基于以上分析，建立知识产权价值评估的风险评价指标体系，如表 8 -1 所示。确定评价指标体系，建立一级指标集合和二级指标集合。

一级指标集合 $A_i = \{A_1, A_2, A_3, \cdots, A_m\}$，其中 $i = 1, 2, 3, \cdots, m$；A_i 是一级指标中具体的指标因素。二级指标集合 $A_{ik} = \{A_{i1}, A_{i2}, A_{i3}, \cdots, A_{in}\}$，其中 $k = 1, 2, 3, \cdots, n$；A_{ik} 是二级指标中具体的指标因素。

在进行决策时，需要确定一级指标和二级指标的权重集合。一级指标因素的权重集合 $W_i = \{W_1, W_2, W_3, \cdots, W_m\}$，其中 $i = 1, 2, 3, \cdots, m$；$W_i > 0$，$\sum W_i = 1$，W_i 表示一级指标因素 A_i 的权重。二级指标因素的权重集合 $W_{ik} = \{W_{i1}, W_{i2}, W_{i3}, \cdots, W_{in}\}$，其中 $k = 1, 2, 3, \cdots, n$；$W_{ik} > 0$，$\sum W_{ik} = 1$，W_{ik} 表示二级指标因素 A_{ik} 的权重。

运用德尔菲法向 10 名专家发放调查问卷，从而确定每级指标相应的权重，见表 8 - 1。

表 8 - 1 各指标的权重

序号	一级指标	一级权重	二级指标	二级权重	综合权重
1	评估风险 A_1	0.15	评估方法未标准化 A_{11}	0.33	0.0495
			主观风险 A_{12}	0.41	0.0615
			评估结果不确定 A_{13}	0.26	0.0390
2	技术风险 A_2	0.16	技术替代风险 A_{21}	0.22	0.0352
			技术再研发能力 A_{22}	0.41	0.0656
			技术流失程度 A_{23}	0.37	0.0592
3	管理风险 A_3	0.06	公司的管理风险 A_{31}	0.55	0.0330
			公司的财务风险 A_{32}	0.45	0.0270
4	市场风险 A_4	0.15	竞争水平 A_{41}	0.42	0.0630
			处置难度 A_{42}	0.58	0.0870
5	法律风险 A_5	0.18	权属风险 A_{51}	0.18	0.0324
			转让争议风险 A_{52}	0.12	0.0216
			强制许可风险 A_{53}	0.16	0.0288
			侵权风险 A_{54}	0.22	0.0396
			政策导向风险 A_{55}	0.18	0.0324
			法律完善风险 A_{56}	0.14	0.0252
6	社会风险 A_6	0.14	区域发展水平 A_{61}	0.33	0.0462
			人均消费水平 A_{62}	0.28	0.0392
			产权交易市场的发展情况 A_{63}	0.39	0.0546
7	金融风险 A_7	0.16	市场利率风险 A_{71}	0.32	0.0512
			通货膨胀风险 A_{72}	0.49	0.0784
			汇率风险 A_{73}	0.1	0.0160
			其他融资方式的稳定性 A_{74}	0.09	0.0144

（2）确立评价因素集和各个因素隶属度

确定评价因素，将评价集合 $B = \{B_1, B_2, B_3, B_4, B_5\}$ 共 5 个等级，分别对应优，良，中，低，差，并且人为规定优对应分数 80 ~ 100，良对应分数 60 ~ 80，中对应分数 40 ~ 60，低对应分数 20 ~ 40，差对应分数 0 ~ 20，评语优、良、中、低、差分别对应知识产权质押融资风险中的低、较低、中等、较高、高。相应的评价等级分行向量 $C = \{C_1, C_2, C_3, C_4, C_5\}$，$C = \{100, 80, 60, 40, 20\}$。

确定各个因素的隶属度矩阵。通过建立评判矩阵来描述指标集 A_i 到 B 的模糊关系。其中判断矩阵中的元素 D 表示指标 A_{ik} 对第 r 级评语 B_r 的隶属度。

$$D_{im} = \begin{vmatrix} D_{11} & D_{12} & \cdots & D_{1n} \\ D_{21} & D_{22} & \cdots & D_{2n} \\ \vdots & \vdots & & \vdots \\ D_{m1} & D_{m2} & \cdots & D_{mn} \end{vmatrix}$$

（3）单因素的模糊评价分析

对二级指标进行单因素的模糊矩阵运算。$E_i = D_i \times W_i$。其中 E_i 为隶属向量，D_i 为隶属度矩阵，W_i 表示向量 A_i 的权重，再通过将隶属向量与评价因素集相乘，$M = E \times B$，确定综合评价值。

8.2.2　算例分析

这里以针对某个知识产权质押融资项目的分析，来说明利用模糊综合评判法进行价值评估风险评价的方法。

（1）确定各个指标的隶属度

运用德尔菲法请专家为每个指标进行打分，以确定其隶属度，见表 8 – 2。

表 8 – 2　专家对各指标隶属度的评价结果

一级指标	二级指标	隶属度 D_i				
		优	良	中	低	差
评估风险 A_1	评估方法未标准化 A_{11}	0.3	0.5	0.2	0	0
	主观风险 A_{12}	0.6	0.2	0.1	0.1	0
	评估结果不确定 A_{13}	0.4	0.3	0.2	0.1	0

一级指标	二级指标	隶属度 D_i				
		优	良	中	低	差
技术风险 A_2	技术替代风险 A_{21}	0.6	0.3	0.1	0	0
	技术再研发能力 A_{22}	0.3	0.3	0.2	0.2	0
	技术流失程度 A_{23}	0.3	0.2	0.3	0.2	0
管理风险 A_3	公司的管理风险 A_{31}	0.3	0.6	0.1	0	0
	公司的财务风险 A_{32}	0.3	0.5	0.1	0.1	0
市场风险 A_4	竞争水平 A_{41}	0.3	0.3	0.2	0.2	0
	处置难度 A_{42}	0.2	0.4	0.2	0.2	0
法律风险 A_5	权属风险 A_{51}	0.4	0.5	0.1	0	0
	转让争议风险 A_{52}	0.5	0.4	0.1	0	0
	强制许可风险 A_{53}	0.6	0.4	0	0	0
	侵权风险 A_{54}	0.1	0.2	0.4	0.3	0
	政策导向风险 A_{55}	0.2	0.2	0.2	0.2	0.2
	法律完善风险 A_{56}	0.3	0.6	0.1	0	0
社会风险 A_6	区域发展趋势 A_{61}	0.3	0.3	0.3	0.1	0
	人均消费水平 A_{62}	0.5	0.2	0.2	0.1	0
	产权交易市场的发展状况 A_{63}	0.2	0.5	0.2	0.1	0
金融风险 A_7	市场利率风险 A_{71}	0.1	0.3	0.4	0.1	0.1
	通货膨胀风险 A_{72}	0.2	0.5	0.3	0	0
	汇率的风险 A_{73}	0.3	0.2	0.2	0.3	0
	其他融资方式的稳定性 A_{74}	0.5	0.3	0.2	0	0

（2）得到模糊矩阵

由上述隶属度，可得出评估风险 D_1、技术风险 D_2、管理风险 D_3、市场风险 D_4、法律风险 D_5、社会风险 D_6、金融风险 D_7，共七个模糊矩阵。

$$D_1 = \begin{vmatrix} 0.3 & 0.5 & 0.2 & 0 & 0 \\ 0.6 & 0.2 & 0.1 & 0.1 & 0 \\ 0.4 & 0.3 & 0.2 & 0.1 & 0 \end{vmatrix} \qquad D_2 = \begin{vmatrix} 0.6 & 0.3 & 0.1 & 0 & 0 \\ 0.3 & 0.3 & 0.2 & 0.2 & 0 \\ 0.3 & 0.2 & 0.3 & 0.2 & 0 \end{vmatrix}$$

$$D_3 = \begin{vmatrix} 0.3 & 0.6 & 0.1 & 0 & 0 \\ 0.3 & 0.5 & 0.1 & 0.1 & 0 \end{vmatrix} \qquad D_4 = \begin{vmatrix} 0.3 & 0.3 & 0.2 & 0.2 & 0 \\ 0.2 & 0.4 & 0.2 & 0.2 & 0 \end{vmatrix}$$

$$D_5 = \begin{vmatrix} 0.4 & 0.5 & 0.1 & 0 & 0 \\ 0.5 & 0.4 & 0.1 & 0 & 0 \\ 0.6 & 0.4 & 0 & 0 & 0 \\ 0.1 & 0.2 & 0.4 & 0.3 & 0 \\ 0.2 & 0.2 & 0.2 & 0.2 & 0.2 \\ 0.3 & 0.6 & 0.1 & 0 & 0 \end{vmatrix} \qquad D_6 = \begin{vmatrix} 0.3 & 0.3 & 0.3 & 0.1 & 0 \\ 0.5 & 0.2 & 0.2 & 0.1 & 0 \\ 0.2 & 0.5 & 0.2 & 0.1 & 0 \end{vmatrix}$$

$$D_7 = \begin{vmatrix} 0.1 & 0.3 & 0.4 & 0.1 & 0.1 \\ 0.2 & 0.5 & 0.3 & 0 & 0 \\ 0.3 & 0.2 & 0.2 & 0.3 & 0 \\ 0.5 & 0.3 & 0.2 & 0 & 0 \end{vmatrix}$$

由表 8 – 1 可得出该模型各个一级指标的权重系数矩阵：

$W_1 = \{0.33, 0.41, 0.26\}$，$W_2 = \{0.22, 0.41, 0.37\}$，$W_3 = \{0.55, 0.45\}$，$W_4 = \{0.42, 0.58\}$，$W_5 = \{0.18, 0.12, 0.16, 0.22, 0.18, 0.14\}$，$W_6 = \{0.33, 0.28, 0.39\}$，$W_7 = \{0.32, 0.49, 0.10, 0.09\}$。

运用模糊层次综合分析法计算 $E_i = D_i \times W_i$，依次计算所有风险的一级评价模型，以评估风险为例：

$$E_1 = D_1 \times W_1 = \begin{vmatrix} 0.3 & 0.5 & 0.2 & 0 & 0 \\ 0.6 & 0.2 & 0.1 & 0.1 & 0 \\ 0.4 & 0.3 & 0.2 & 0.1 & 0 \end{vmatrix} \times \{0.33, 0.41, 0.26\}$$

$$= \{0.449, 0.325, 0.159, 0.067, 0\}$$

同理可证：技术风险一级评价模型 $E_2 = \{0.366, 0.263, 0.215, 0.156, 0\}$；管理风险一级评价模型 $E_3 = \{0.3, 0.555, 0.1, 0.045, 0\}$；市场风险一级评价模型 $E_4 = \{0.242, 0.358, 0.2, 0.2, 0\}$；法律风险一级评价模型 $E_5 = \{0.328, 0.366, 0.168, 0.102, 0.036\}$；社会风险一级评价模型 $E_6 = \{0.317, 0.35, 0.233, 0.1, 0\}$；金融风险一级评价模型 $E_7 = \{0.205, 0.388, 0.313, 0.062, 0.032\}$。

得出各因素的模糊关系矩阵 D：

$$D = \begin{vmatrix} 0.449 & 0.325 & 0.159 & 0.067 & 0 \\ 0.366 & 0.263 & 0.215 & 0.156 & 0 \\ 0.3 & 0.555 & 0.1 & 0.045 & 0 \\ 0.242 & 0.358 & 0.2 & 0.2 & 0 \\ 0.328 & 0.366 & 0.168 & 0.102 & 0.036 \\ 0.317 & 0.35 & 0.233 & 0.1 & 0 \\ 0.205 & 0.388 & 0.313 & 0.062 & 0.032 \end{vmatrix}$$

（3）综合评价

根据上述一级评价模型及已知的各项一级指标的权重进行综合评价。

$$E = W \times D = \{0.15, 0.16, 0.06, 0.15, 0.18, 0.14, 0.16\} \times$$

$$\begin{vmatrix} 0.449 & 0.325 & 0.159 & 0.067 & 0 \\ 0.366 & 0.263 & 0.215 & 0.156 & 0 \\ 0.3 & 0.555 & 0.1 & 0.045 & 0 \\ 0.242 & 0.358 & 0.2 & 0.2 & 0 \\ 0.328 & 0.366 & 0.168 & 0.102 & 0.036 \\ 0.317 & 0.35 & 0.233 & 0.1 & 0 \\ 0.205 & 0.388 & 0.313 & 0.062 & 0.032 \end{vmatrix}$$

$$= \{0.31643, 0.35479, 0.20719, 0.10999, 0.0116\}$$

已知本章将集合 B 分为优、良、中、低、差五个等集，相应设置了评价分行向量 $C = \{C_1, C_2, C_3, C_4, C_5\}$，$C = \{100, 80, 60, 40, 20\}$，则可以进行综合打分。

$$\begin{aligned} M &= E \times B = 0.31643 \times 100 + 0.35479 \times 80 + 0.20719 \times 60 + 0.10999 \times 40 \\ &\quad + 0.0116 \times 20 \\ &= 31.643 + 28.3832 + 12.4314 + 4.3996 + 0.2322 \\ &= 77.0892 \end{aligned}$$

通过对该公司知识产权的风险评估，发现该专利在七个风险方面处于良好水平，市场风险较小，利于进行知识产权的质押融资。

8.2.3 结论

本章站在价值评估的角度对知识产权质押融资风险进行分析，筛选出知识产权价值评估方面风险项的评价指标体系，确定各个指标的权重，运用模糊综合评判方法对所有风险项目进行量化评价，在此基础上对知识产权价值评估风险进行综合评价，为知识产权价值评估风险的分析提供有益的借鉴。通过模糊综合评判方法的应用，把定性评价转化为定量评价，具有结果清晰、系统性强的特点，较好地解决了知识产权价值评估风险的模糊和难以量化的问题。实证研究也证明了基于模糊综合评判方法在知识产权质押融资风险评价中的可行性和有效性。

第9章 知识产权价值评估风险管理改进建议

9.1 知识产权价值评估风险管理国外经验借鉴

9.1.1 美国对知识产权价值评估的风险控制

随着次贷危机的爆发，越来越多的美国人认识到知识产权质押融资的优点，再加上美国政府对于金融业宽松的管理制度，知识产权质押融资在美国这片金融业的乐土上迅速生根发芽，但如何对知识产权质押融资的风险进行控制却是国际社会公认的一大难题。为达到风险控制的目的，美国政府出资建立了美国中小企业管理局（SBA），该机构不仅在推动知识产权质押融资中起到重要作用（提供评估服务和相应的贷后管理），而且以知识产权质押融资作为补充手段分担企业融资风险，也作为风险控制机制的第一道保险。

该机构并不直接为企业提供融资，而是起到一个信息平台的作用，力图通过市场化帮助交易双方完成融资，间接加强企业的信用。当然，作为一个有国家背景的公信平台，该机构在风险控制机制方面极为严格和全面，主要分为三大部分：一是通过全国银行网络对出质人的信用背景进行审查，对被质押的知识产权进行评估和审查，杜绝了质权人上当受骗的可能性；二是为出质人和质权人提供质押合同的模板，既能保证双方的利益，又能明确双方的责任和义务，为未来有可能出现的纠纷提供关键性证据；三是十分重视对被质押的知识产权的实际控制，防止出现质权人财物两失的局面，保护了质权人的利益。

美国 SBA 在风险控制机制中的三项措施，从源头上就降低了知识产权质押融资的风险，既能规范市场，又能间接促进知识产权质押融资的发展，值得我国借鉴。

9.1.2　日本对知识产权价值评估的风险控制

我们不得不承认，日本在知识产权质押融资的道路上比我们走得更早、更远。我们是在 2007 年才提出知识产权战略兴国的概念，而日本早在 2002 年就颁布了《知识产权法发展纲要》《知识产权基本法》，力图在法律上把控知识产权质押融资的风险，为其发展保驾护航。不仅如此，日本还由政府牵头成立日本政策投资银行，为缺乏启动资金并且难以向金融机构贷款的中小企业提供知识产权质押融资服务，降低商业银行和担保机构的风险。除了具有官方色彩的银行，日本的许多财团也瞄准这块还没有被分享的利益蛋糕，例如富士银行、三菱银行。与青睐法律明确保护的知识产权质押融资的官方银行相比，这些私人金融机构甚至愿意为未取得知识产权证书、正在开发的新技术提供融资服务，不过这并不意味着这些金融机构就放弃了对风险的控制，这些金融机构不仅会在贷款前对出质的公司进行核查和筛选，还会在贷款后为这些公司提供企业管理服务，从而达到首尾控制风险的目的。

从上面两个国家的相关政策中可以看出，政府在风险控制方面扮演很重要的角色，美国政府并不直接参与质押融资的具体业务，但在担保机构中起主导作用；相比而言日本政府则是参与具体的融资业务，将风险大幅分散。这两种风险控制模式都有值得我们学习和借鉴的地方，与它们相比，我国在这方面还需继续努力。

9.2　知识产权价值评估风险控制的改进措施

9.2.1　完善知识产权质押融资相关法律

我国在《资产评估执业准则——无形资产》中规定知识产权的价值评

估主要由成本法、市场法、收益法来完成，但是在实际操作过程中存在很大的问题。

成本法虽然计算简单，但是和知识产权本身的价值并不存在什么关系，根本不能作为衡量知识产权价值的手段。根据无形资产抵押的价值评估标准，在有市场的情况下按照市场价格，没有市场的情况下参照同类的价值标准。从理论上来说市场法是最合理的评估方法，但是不要忘记市场法有一个很重要的前提，那就是得有一个成熟的交易市场，而我国根本就达不到这一条件，纯粹是纸上谈兵。收益法是指根据知识产权未来收益作为参考依据衡量其价值，这种方法有两个致命的缺点，一是操作过于复杂，无法准确计算；二是主观性过强，无法让人信服。

上述分析充分说明我国在相关的法律制度建设上还存在很大的空白，我国未来应该在已经确立的法律基础上针对不同的知识产权给出不同的指导意见，设立不同的评估标准，将法律准则进行细化，从而规范评估工作，增强其准确性和可靠性。

9.2.2　注重知识产权保护，加强政府引导能力

"山寨"这种侵权行为在我国尤为突出，大到冰箱彩电，小到手机手表，随处可见，很大程度上说明目前国内对知识产权的保护力度根本不够。"山寨"行为不仅会给知识产权持有者带来巨大的经济损失，还会严重打击知识产权"所有者"发明创造的积极性，逐渐伤害到我国经济发展的根基。目前我国虽然出台了《知识产权保护法》和一系列保护条例，但由于监管力度不够，使法律法规没有完全起到应有的作用。在此建议我国有关政府部门要充分发挥导向作用，不仅要加大审查力度，也要对违法人员进行严厉的惩罚，例如罚款、没收违法所得、销毁"山寨"货物等，此外还可以让侵权者给受害的知识产权所有者一定的经济补偿，从而弥补其损失。

此外，目前我国有关政府部门对知识产权的风险控制也没有起到相应的管理作用，政府的职能没有被充分发挥出来，在这点上我国可以向美国、日本这两个国家学习，加强政府的引导能力，政府牵头成立专门的管理机构对知识产权进行统一管理，或者在政策上给予一定的倾斜，建立完

善的担保体系，由政府分摊一部分风险，将风险分散到政府、银行、担保机构等多个方面，从而达到风险控制的目的。

9.2.3 引导企业加强自身建设

目前中小企业之所以很难符合银行的贷款条件主要由两方面原因造成，一是企业管理水平的落后；二是企业的财务状况受其自身规模限制，无法达到银行的审核标准，造成中小企业空有知识产权而质押贷款审核不过关，从而面临无法通过质押知识产权进行融资的尴尬局面。

对这种情况我们应该从两方面入手：一是企业自身加强建设，学习先进的管理理念和方法，提高经营水平，建立健全自身的内控机制，把财务上的风险降到最低；二是建立第三方机构，专门为中小企业提供企业管理指导、介绍管理经验、提供专业服务，从而帮助中小企业达到银行的贷款标准。

9.2.4 建立专业价值评估机构

依照目前我国现有的法律，所有注册了的资产评估机构均可对知识产权进行价值评估服务，但知识产权的价值评估不仅要求评估人员具有本专业的知识，还牵扯到法律学、会计学、高新科技等多个领域，单纯的资产评估师显然无法解决这一复杂问题，只有多个领域的专家共同参与才能对其价值进行公正客观的评价，目前国内基本没有达到要求的类似机构。

专业的价值评估机构不仅能保证知识产权的价值评估准确，还能促进我国知识产权的市场发展，在建立该机构时，可以以市为单位，将市内的多家评估机构进行资源整合，组成一个价值评估机构，这样不仅能将各种不同方面的专家集合到一起，还能规范市场，避免多家评估机构所评估价值完全不同的混乱局面，在进行某一知识产权的价值评估时，从整合后的机构抽调相应的专家组，为形成科学可靠的评估结果提供有力保证。

9.2.5 建立第三方中介服务机构与平台

目前国内的第三方中介机构有两大特点：一是规模小，人才少，功能单一；二是多类别的知识产权分属不同中介部门，造成信息流通困难。一个稳定的中介机构对知识产权的市场化来说非常重要，它不仅可以为双方提供可靠信息，消除信息的不对称性，有利于双方质押融资的进行，还可以在债务人无法偿还贷款时，通过该中介机构将知识产权迅速变现，从而帮助质押权人顺利完成资金回收。

因此，我国应当注重第三方中介服务机构与平台的建立。建立的第三方中介机构应当以综合性为基础，实现信息共享、统一管理、功能多样、服务全面，不仅能够提供最基本的信息查询服务，还应当能够提供知识产权相关的法律咨询、价值评估、知识产权展示等服务。

参考文献

［1］ Nicholas Bloom, John VanReenen. Patents, Real Options and Firm Performance ［J］. The Economic Journal, 2002, 112：97 – 116.

［2］ Bronwyn H. Hal, Grid Thoma , Salvatore Torrisi. The Market Value of Patents and R&D：Evidence from European Firms ［J］. The National Bureau of Economic Research. 2007（1）：1 – 6.

［3］ Michele Grimaldi, Livio Cricelli, Martina Di Giovanni, Francesco Rogo. The Patent Portfolio Value Analysis：A New Framework to Leverage Patent Information for Strategic Technology Planning ［J］. Technological Forecasting and Social Change, 2015, 94：286 – 302.

［4］ 程勇. 专利价值的评估及实现策略 ［D］. 武汉：华中科技大学, 2006.

［5］ 胡启超. BP 神经网络在专利价值评估中的应用研究 ［D］. 哈尔滨：哈尔滨工业大学, 2013.

［6］ 万小丽. 专利价值的分类与评估思路 ［J］. 知识产权, 2015（6）：78 – 83.

［7］ 刘运华. 知识产权强国背景下专利权经济价值外延界定 ［J］. 科技进步与对策, 2016, 33（10）：96 – 100.

［8］ Nordhaus W D. The Optimal Life of A Patent ［R］. Cowles Foundation for Research in Economics, Yale University, 1967.

［9］ Klemperer P. How Broad Should the Scope of Patent Protection be? ［J］. Rand Journal of Economics, 1990, 21（1）：125 – 130.

［10］ Griliches Z. Patent Statistics as Economic Indicators：A Survey ［J］.

Joural of Economic Literature，1990，28（4）：1661－1707.

［11］Wu M C. Antecedents of Patent Value Using Exchange Option Models：Evidence from A Panel Data Analysis ［J］. Journal of Business Research，2010，（1）：1－6.

［12］Albert M B，Avery D，Narin F，et al. Direct Validation of Citation Counts as Indicators of Industrially Important Patents ［J］. Research policy，1991，20（3）：251－259.

［13］Chen Y S，Chang K C. The Relationship Between a Firm's Patent Quality and Its Market Value － the Case if US Pharmaceutical Industry ［J］. Technological Forecasting and Social Change，2010，77（1）：20－33.

［14］万小丽，朱雪忠. 国际视野下专利质量指标研究的现状与趋势［J］. 情报杂志，2009，28（7）：49－54.

［15］Mehta A，Rysman M，Simcoe T. Identifying the Age Profile of Patent Citations：New Estimates of Knowledge Diffusion ［J］. Appl. Econ. ，2010，（25）：1179 － 1204.

［16］张俊艳，余敏. 基于有序逻辑回归的标准必要专利价值影响因素研究 ［J］. 电子科技大学学报（社会科学版），2018，20（1）：15－19.

［17］Deng Z，Lev B，Narin F. Science and Technology as Predictors of Stock Performance. ［J］. Financial Analysts Journal，1999，55（3）：20－32.

［18］冯君，周静珍，杜芸. 单件专利质量评价指标体系研究 ［J］. 科技管理研究，2012，32（23）：166－170.

［19］国家知识产权局专利管理司，中国技术交易所. 专利价值分析指标体系操作手册 ［M］. 北京：知识产权出版社，2012.

［20］吕璐成，刘娅，杨冠灿. 基于决策树方法的专利被引影响因素研究 ［J］. 情报理论与实践，2015，38（2）：28－32.

［21］薛明皋，刘璘琳. 专利质押贷款环境下的专利价值决定因素研究 ［J］. 科研管理，2013，34（2）：120－127.

［22］陈健，贾隽. 专利价值的影响因素和评估体系研究综述 ［J］. 西安工业大学学报，2013，33（7）：517－525.

[23] Antonio Messeni Petruzzelli, Daniele Rotolo, Vito Albino. Determinants of Patent Citations in Biotechnology: An Analysis of Patent Influence Across the Industrial and Organizational Boundaries [J]. Technological Forecasting & Social Change, 2015, 91: 208 – 221.

[24] 张克群, 夏伟伟, 郝娟, 等. 专利价值的影响因素分析——专利布局战略观点 [J]. 情报杂志, 2015, 34 (1): 72 – 76, 82.

[25] 李琰, 王玲玲, 曹凤霞. 专利价值影响因素与评价体系的研究现状及进展 [J]. 石油化工技术与经济, 2015, 31 (6): 50 – 56.

[26] 邱洪华, 陆潘冰. 基于专利价值影响因素评价的企业专利技术管理策略研究 [J]. 图书情报工作, 2016, 60 (6): 77 – 83.

[27] 张克群, 李姗姗, 郝娟. 不同技术发展阶段的专利价值影响因素分析 [J]. 科学学与科学技术管理, 2017, 38 (3): 23 – 29.

[28] 张克群, 牛悾悾, 夏伟伟. 高被引专利质量的影响因素分析——以 LED 产业为例 [J]. 情报杂志, 2018, 37 (2): 81 – 87.

[29] 张克群, 许婷, 牛悾悾, 等. 拍卖方式下的专利价值影响因素研究 [J]. 情报杂志, 2020, 39 (1): 76 – 82.

[30] Pakes. Patents as Options: Some Estimates of the Value of Holding European Patent Stocks [J]. Econometries, 1986, 54: 755 – 784.

[31] 李振亚, 孟凡生, 曹霞. 基于四要素的专利价值评估方法研究[J]. 情报杂志, 2010 (8): 87 – 90.

[32] 杨思思, 郝屹, 戴磊. 专利技术价值评估及实证研究 [J]. 中国科技论坛, 2017 (9): 146 – 152.

[33] 邱一卉, 张驰雨, 陈水宣. 基于分类回归树算法的专利价值评估指标体系研究 [J]. 厦门大学学报 (自然科学版), 2017, 56 (2): 244 – 251.

[34] 张黎, 李倩, 禹建丽. 基于犹豫模糊软集的专利质量评价模型[J]. 科技促进发展, 2018, 14 (5): 440 – 446.

[35] 杨思思, 戴磊, 郝屹. 专利经济价值度通用评估方法研究 [J]. 情报学报, 2018, 37 (1): 52 – 60.

[36] 鲍新中，徐鲲．专利价值评估：方法、障碍与政策支持［J］．科技促进发展，2018，14（7）：672－677.

[37] 白福萍，郭景先．知识产权评估背景因素与评估方法的选择［J］．财会月刊，2012（36）：60－62.

[38] 张晓满．专利技术的特点、评估原理与方法探讨［J］．经济体制改革，2002（2）：85－87.

[39] 戈登·斯密．无形资产与知识产权评估［M］．北京：中国财政经济出版社，1989：156－170.

[40] 王雅妮，杨景海．企业并购专利资产价值评估浅议［J］．合作经济与科技，2018（20）：121－123.

[41] 詹勇军，汪丛伟，熊斌，等．基于潜在维权成本的专利价值评估研究［J］．科技管理研究，2018，38（13）：170－174.

[42] 张雨萱，杨子昕，孙浩然．专利价值评估方法的央企适用性分析［J］．中国商论，2018（11）：169－170.

[43] Pakes A. Patents as Options：Some Estimates of the Value of Holding European Patent Stocks［J］．Econometrics，1986，54：755－784.

[44] 刘小青，陈向东．基于复合期权模型的外国在华专利价值研究［J］．科学学与科学技术管理，2009（11）：57－62

[45] 刘岩，陈朝晖．基于正偏态分布模糊数的专利价值实物期权评估模型［J］．财会通讯，2015（3）：119－123.

[46] 杜晓君．基于"创造性资产"的引资国投资环境模糊综合评价［J］．科研管理，2003（3）：79－85.

[47] 周正柱，朱可超．知识产权价值评估应用研究——基于AHP模糊综合评价法［J］．财会通讯，2016（10）：22－25.

[48] 冷雄辉，翟富源．基于模糊综合评价法的发明专利价值评估研究［J］．赣南师范大学学报，2017，38（3）：26－30.

[49] 资智洪，何燕玲，袁杰．专利价值二元分类评估方法的构建及应用［J］．科技管理研究，2017（11）：129－135.

[50] 张彦巧，张文德．企业专利价值量化评估模型实证研究［J］．情报杂志，2010，29（2）：51－54.

[51] 吕晓蓉. 专利价值评估的动态模拟方法研究 [J]. 科技进步与对策, 2017, 34 (2): 117-122.

[52] Lanjouw J O, Pakes A, Putnam J. How to Count Patents and Value Intellectual Property: The Uses of Patent Renewal and Applicationdata [J]. The Journal of Industrial Economics, 1998, 46 (4): 405-432.

[53] Matsuura J H. An Overview of Intellectual Property and Intangible Asset Valuation Models [J]. Research Management Review, 2004, 14 (1): 114-120.

[54] Sam Khoury, Joe Daniele, Paul Germeraad. Selection and Application of Intellectual Property Valuation Methods In Portfolio Management and Value Extraction [J]. Managing Intellectual Property, 2001, 6 (3): 77-86.

[55] Richard Razgaitis. Valuation and Pricing of Technology-Based Intellectual Property [M]. John Wiley & Sons Inc., 2003.

[56] 姜秋, 王宁. 基于模糊综合评价的专利权价值评估 [J]. 技术与创新管理. 2005 (26): 73-76.

[57] 马慧民, 张爽, 叶春明. 专利技术产业化筛选评估指标体系研究 [J]. 中国科技论坛, 2005 (5): 65-68.

[58] 张阳. 企业专利权评估探析 [J]. 科技与法律, 2006 (4): 68-70.

[59] Chiu Y J, Chen Y W. Using AHP in Patent Valuation [J]. Mathematical and Computer Modelling. 2007, 46 (7-8): 1054-1062.

[60] 宋伟, 彭小宝. 集成创新的专利权评估机制研究 [J]. 科技管理研究. 2008 (5): 232-234.

[61] Lai Y H, Che H C. Evaluating Patents Using Damage Awards of Infringement Lawsuits: A Case Study [J]. Journal of Engineering and Technology Management, 2009, 26 (3): 49-50.

[62] 王竞达. 跨国并购专利权价值评估相关问题研究 [J]. 经济与管理研究. 2010 (5): 66-75.

[63] 苑泽明, 李海英. 专利权质押融资价值评估: 收益分成率研究 [J]. 科学学研究, 2012 (6): 856-865.

[64] 唐恒，孔潆婕. 专利质押贷款中的专利价值分析指标体系的构建 [J]. 科学管理研究. 2014 （32）：105 – 108.

[65] Michael D McCoy, Sandra L Boscia. Valuation of Intellectual Property or the Enigma of Exclusivit [J]. Licensing Journal. 1999 （1）：7 – 9.

[66] David Tenenbaum. Valuing Intellectual Property Assets [J]. Computer & Internet Lawyer. 2002, 19 （2）：1 – 7.

[67] Mark Berkman. Valuing Intellectual Property Assets for Licensing Transactions [J]. Licensing Journal. 2002, 22 （4）：16 – 23.

[68] 万君康，凌丹. 技术类无形资产评估的原理与方法 [J]. 研究与发展管理，1998，（4）：87 – 93.

[69] 李爱华，丁战. 浅析技术资产评估时收益分成率的确定方法 [J]. 财经问题研究，2002，（3）：69 – 71.

[70] 董晓峰，李小英. 对我国专利权评估方法的调查分析 [J]. 经济问题探索. 2005 （5）：119 – 125.

[71] Fishman E. Securitization of IP Royalty Streams：Assessing the Landscape [J]. Technology Access Report. 2003 （9）：490 – 491.

[72] Munari F, Sobrero M. Economic and Management Perspectives on the Value of Patents [J]. The Economic Valuation of Patents：Methods and Applications. 2010 （7）：56.

[73] Hyt O, Nen H, Jarimo T. A Scenario Approach to Patent Valuation [R/OL]. ［2012 – 12 – 21］. http：//www3. vtt. fi/liitetiedostot/muut/patentvaluation. pdf.

[74] 丽娜，付占海，穆宏平，等. 专利价值评估软件化的理论基础与实践 [J]. 中国发明与专利. 2014 （4）：30 – 33.

[75] Myers S. Determinants of Corporate Borrowing [J]. Journal of Finance Economics, 1977, 5 （2）：411 – 487.

[76] Trigeorgis L. The Nature of Option Interactions and the Valuation of Investments With Multiple Real Options [J]. Journal of Financial and Quantitative Analysis, 1993, 28 （1）：1 – 20.

［77］Chiu Y J, Chen Y W. Using AHP in Patent Valuation ［J］. Mathematical and Computer Modeling, 2007, 46：1054 – 1062.

［78］Namita Chandra. Valuation of Intellectual Property Rights ［M］. Buscalegis. ufsc. Br, 2009.

［79］Holger Ernst, Sebastian Legler, Ulrich Lichtenthale. DeterMnants of Patent Value：Insights from A Simulation Analysis ［J］. Technological Forecasting and Social Change, 2010, 77：1 – 19.

［80］杨春鹏, 伍海华. 实物期权在专利权价值评估中的应用 ［J］. 系统工程理论与实践, 2002 (6)：101 – 104.

［81］沈永清, 王冬梅. 期权定价模型在专利技术收益评估中的应用 ［J］. 数量经济技术经济研究, 2003 (4)：154 – 156.

［82］黄生权. 基于实物期权理论的专利权价值评估方法研究 ［J］. 科技进步与对策, 2006 (6)：29 – 30.

［83］王敬, 李舒. 知识型企业专利估值方法研究 ［J］. 管理学报, 2004 (3)：341 – 345.

［84］刘军, 龙韬. 基于实物期权的专利价值评估 ［J］. 企业技术开发, 2005, 24 (4)：31 – 32.

［85］刘志刚, 银路. 专利权价值评估的进一步探讨 ［J］. 价值工程, 2004 (5)：29 – 31.

［86］马忠明, 易江. 专利价值评估的实物期权方法 ［J］. 价值工程, 2004：136 – 39.

［87］郭洁. 实物期权理论在专利价值评估中的应用 ［J］. 财会月刊 (综合), 2007 (4)：20 – 21.

［88］范龙振, 唐国兴. 投资机会的价值与投资决策：几何布朗运动模型 ［J］. 系统工程学报, 1998, 13 (3)：8 – 12.

［89］范龙振, 唐国兴. 投资机会价值的期权评价方法 ［J］. 管理工程学报, 2000, 14 (4)：34 – 37.

［90］范龙振, 唐国兴. 项目价值的期权评价方法 ［J］. 系统工程学报, 2001, 16 (1)：17 – 22.

［91］ 马俊海，张秀峰．专利实物期权定价的蒙特卡洛模拟方法及其改进技术 ［J］．财经论丛，2011，157 (2)：53 - 60.

［92］ 吴全伟，伏晓艳，李娇，等．专利价值评估体系的探析及展望 ［J］．中国发明与专利，2016 (3)：123 - 127.

［93］ 于谦龙，李中华，贾燕琛，等．中国拍卖专利的专利资产指数开发研究 ［J］．数量经济技术经济研究，2016 (6)：111 - 127.

［94］ 张文德，陈龙龙，安结．基于蚁群算法的企业专利价值分析方法 ［J］．情报探索，2016 (3)：1 - 4.

［95］ 李琰，曹凤霞，王玲玲．企业开展专利价值评估工作的若干问题研究 ［J］．中国发明与专利，2016 (1)：30 - 33.

［96］ 王巍敏，常晓明，孙彤，等．浅谈专利价值评估体系影响要素分析 ［J］．中国发明与专利，2015 (8)：6 - 12.

［97］ Thoma G. Composite Value Index of Patent Indicator：Factor Analysis Combining Bibliographic and Survey Database ［J］. World Patent Information，2014，38 (9)：19 - 26.

［98］ 杨思思，戴磊．专利价值评估方法研究概述 ［J］．电子知识产权，2016 (9)：78 - 84.

［99］ 李琰，王建明，王玲玲，等．中国石油炼油化工领域专利价值评估研究 ［J］．石油科技论坛，2015 (3)：16 - 21.

［100］ Saaty T L. Decision Making for Leaders：the Analytical Hierarchy Process for Decisions in A Complex World ［M］. Belmont：Wad - Sworth，1982.

［101］ 蒋丹霞．企业专利价值评估若干问题浅议 ［J］．科技与法律，2008，(2)：90 - 92.

［102］ 赵汨凡，李婧，邸伟娜，等．专利参考价值评价体系及其在石油工程领域中的应用 ［J］．石油科技论坛，2015 (2)：28 - 33.

［103］ 张希，胡元佳．非市场基准的专利价值评估方法的理论基础、实证研究和挑战 ［J］．软科学，2010，(9)：142 - 144.

［104］ 李琰，王玲玲．专利信息分析在石油化工科技开发中的实证应用研究 ［J］．图书情报工作，2012，(S2)：239 - 241.

［105］李琰，王玲玲，曹凤霞，等. 中国石油炼化专利价值评估体系及应
用研究——中国专利奖获奖专利价值评估［J］. 石油科技论坛，
2017，（1）：12 – 18.

［106］孙玉荣. 互联网文化产业发展与知识产权保护［J］. 北京联合大学
学报（人文社会科学版）. 2016，14（2）：22 – 26.

［107］于谦龙，赵洪进. 企业专利资产价值评估研究综述［J］. 现代情报，
2014，34（9）：75 – 79.

［108］葛翔宇，赵翼，周艳丽，等. 高新技术企业发展中的专利权价值问
题——基于跳扩散实物期权定价的建模与模拟［J］. 系统管理学
报，2015，24（3）：355 – 364.

［109］夏轶群，陈俊芳. 有可替代性和时间贬损的不确定条件技术专利价
值评估［J］. 科技进步与对策，2009，26（15）：128 – 130.

［110］Reitzig M. Valuing Patents and Patent Portfolios from a Corporate Per-
spective［C］. Conference on Intellectual Assets：Valuation and Capital-
ization. Geneva：United Nations，2003，66 – 82.

［111］杨思思，郝屹，戴磊. 专利技术价值评估及实证研究［J］. 中国科
技论坛. 2017（9）：146 – 152.

［112］Harhoff D，Scherer F M，Vopel K. Citations，Family Size，Opposition
and the Value of Patent Rights［J］. Research Policy，2002，32（2）：
1343 – 1363.

［113］赵蕴华，张静，李岩，等. 基于机器学习的专利价值评估方法研究
［J］. 情报科学. 2013，31（12）：15 – 18.

［114］Russell L Parr. Intellectual Property：Valuation，Exploition and Infringe-
ment Damages［M］. Wiley，2005.

［115］陆克今，薛恒新. 实物期权理论两个新应用领域——基于文献的研
究性述评［J］. 经济学动态，2012（7）：89 – 93.

［116］沈悦，基于实物期权法的知识产权价值评估［D］. 石家庄：河北
大学，2015.

［117］刘凤朝，刘则渊，关于知识产权评估的几点思考［J］. 科学学与科

学技术管理，2001（12）：13 – 15.

[118] 靳晓东，基于实物期权的专利资产证券化的单一专利价值评估[J].统计与决策，2011（4）：50 – 53.

[119] 窦娟．基于实物期权理论的信息技术领域专利价值评估［D］. 北京：北京交通大学，2010.

[120] 吴化卿．创业板上市企业知识产权价值评估方法及参数选取［J］.中国资产评估，2009（11）：36 – 40.

[121] 苏平．美国知识产权资产评估方法选择及其启示——以我国上市公司的知识产权资产评估为视角［J］.知识产权，2010（3）：87 – 94.

[122] 葛翔宇，赵翼，周艳丽，等．高新技术企业发展中的专利权价值问题——基于跳扩散实物期权定价的建模与模拟［J］. 系统管理学报，2015（3）：355 – 364.

[123] 周骏垚．基于实物期权的太阳能光伏行业企业价值评估——以深圳市拓日新能源科技股份有限公司为例［D］. 北京：北京交通大学，2015.

[124] 李红珊．基于改进实物期权模型的新能源上市企业价值评估研究［D］.秦皇岛：燕山大学，2014.

[125] 张作泉，孙文圣．利用小波方差逼近数据波动率的改进 BS 模型（MBS）［J］.北京交通大学学报，2009（3）：107 – 109.

[126] 钱欣．企业价值评估中收益法应用问题研究［D］.哈尔滨：哈尔滨商业大学，2014.

[127] 靳晓东．专利资产证券化中专利价值的影响因素分析［J］.商业时代，2011（24）：66 – 69.

[128] 张娴，方曙，肖国华，等．专利文献价值评价模型构建及实证分析［J］.科技进步与对策，2011，28（6）：127 – 132.

[129] Bakker J. The log – linear relation between patent citations and patent value［J］. Scientometrics，2017，110（2）：879 – 892.

[130] 姚王信．企业知识产权融资研究：理论、模型与应用［D］.天津：天津财经大学，2011.

［131］杨思思，郝屹，戴磊．专利技术价值评估及实证研究［J］．中国科技论坛，2017（9）：146－152.

［132］Nordhaus W D. The Optimal Life of Patent ［R］. Yale：Cowles Foundation for Research in Economics，Yale Univerrsity，1967.

［133］吴运发，张青，赵燕，等．专利价值影响因素及企业专利价值分级评估管理的探讨［J］．中国发明与专利，2019，16（3）：24－31.

［134］徐鲲，张楠，鲍新中．专利价值评估研究［J］．价格理论与实践，2018（7）：143－146.

［135］吴全伟，伏晓艳，李娇，等．专利价值评估体系的探析及展望［J］．中国发明与专利，2016（3）：123－127.

［136］苑泽明，李海英，孙浩亮，等．知识产权质押融资价值评估收益分成率研究［J］．科学学研究，2012，30（6）：856－864，840.

［137］孙玉艳，张文德．基于组合预测模型的专利价值评估研究［J］．情报探索，2010（6）：73－76.

［138］胡彩燕，王馨宁．专利价值评估方法探索综述［J］．中国发明与专利，2016（3）：119－122.

［139］张丽雅，吕霁．关于知识产权质押融资中资产评估的分析［J］．科技经济市场，2014（11）：161－162.

［140］孙斌．专利的质押及其价值评估研究［D］．兰州：兰州大学，2016.

［141］张希，胡元佳．非市场基准的专利价值评估方法的理论基础、实证研究和挑战［J］．软科学，2010，24（9）：142－144.

［142］邱洪华，陆潘冰．基于专利价值影响因素评价的企业专利技术管理策略研究［J］．图书情报工作，2016，60（6）：77－83.

［143］梁美健，周阳．知识产权评估方法探究［J］．电子知识产权，2015（10）：71－76.

［144］郭航．我国知识产权质押融资的现实障碍与路径探讨［J］．金融发展研究，2019（8）：87－89.

［145］姚王信．企业知识产权融资研究：理论、模型与应用［D］．天津：

天津财经大学，2011.

[146] 田洪媛.知识产权质押融资问题研究 [D].济南：山东农业大学，2013.

[147] 万小丽，朱雪忠.专利价值的评估指标体系及模糊综合评价 [J].科研管理，2008，29（8）：185-191.

[148] 沈铭.多层次—可拓专利价值分析评价方法的研究——基于国知局专利价值分析指标体系 [J].科技管理研究，2019，39（2）：180-186.

[149] 陈健，贾隽.专利价值的影响因素和评估体系研究综述 [J].西安工业大学学报，2013，33（7）：517-525.

[150] 资智洪，何燕玲，袁杰，等.专利价值二元分类评估方法的构建及应用 [J].科技管理研究，2017，37（11）：129-135.

[151] 白英晨.专利价值评价指标体系研究 [J].经济研究导刊，2019（10）：21-23+117.

[152] 倪金朝.移动通信设备制造企业技术转移中的专利价值评估 [D].北京：北京交通大学，2015.

[153] 刘帅.面向产业的专利价值评价指标体系研究 [D].南京：江苏大学，2016.

[154] 霍艳飞.我国医药专利价值评估影响因素研究 [D].北京：中国医药工业研究总院，2016.

[155] 徐一峰.高新技术企业知识产权质押融资价值评估问题研究 [D].合肥：合肥工业大学，2015.

[156] 张涛，杨晨.企业专利权价值战略及规划研究 [J].江苏商论.2007（10）：111-112.

[157] 张雪莹，张雯雯.中小企业知识产权融资的国际经验与启示 [J].区域金融研究，2010，（3）：20-23.

[158] 钱坤.沈厚才.黄忠全.知识产权质押融资的研究现状及发展趋势 [J].科技与经济，2013，152（26）：51-55.

[159] 刘亭，郑洁，齐静.中小企业知识产权质押融资问题研究 [J].大

众商务，2010，115：266－279.

[160] 王红兰. 知识产权质押价值评估方法研究 ［D］. 西安：长安大学，2011.

[161] 赵丽洪. 知识产权质押价值评估问题研究 ［D］. 保定：河北农业大学，2008.

[162] 马传福. 知识产权质押融资风险控制的对策研究 ［D］. 上海：华东政法大学，2011.

[163] 边静慧. 知识产权质押融资中评估相关问题探析 ［J］. 中国乡镇企业会计，2013，（8）：30－32.

[164] 陆铭，尤建新. 地方政府支持科技型中小企业知识产权质押融资研究 ［J］. 科技进步与对策，2011，28（16）：92－96.

[165] 金明新. 知识产权融资担保制度研究 ［D］. 郑州：郑州大学，2010.

[166] 丘志乔. 知识产权质押融资担保体系的构建 ［J］. 金融与经济，2011，（9）：18－22.

[167] 张礼国，姚王信. 高技术中小企业知识产权债务融资困境研究[J].科技进步与对策，2013，30（17）：118－122.

[168] 刘沛佩. 谁来为知识产权质押融资的"阵痛"买单 ［J］. 科学学研究，2011，29（4）：521－525.

[169] 夏阳，顾新. 科技型中小企业的知识产权投融资风险管理 ［J］. 科学学与科学技术管理，2012，33（9）：98－104.

[170] 华荷锋，杨晨. 知识产权融资服务体系构建研究 ［J］. 科技进步与对策，2011，28（8）：20－23.

[171] 杨晨，陶晶. 知识产权质押融资中的政府政策配置研究 ［J］. 科技进步与对策，2010，27（13）：105－107.

[172] 章洁倩. 科技型中小企业知识产权质押融资风险管理 ［J］. 科学管理研究，2013，31（2）：98－101.

[173] 牛草林，薛志丽. 知识产权（IP）融资约束因素研究 ［J］. 财会通讯，2013，（8）：114－120.

[174] 齐盼盼，杨小晔，牛诺楠．知识产权质押融资风险评价模型研究 [J]．会计之友，2012，(9)：102 – 105.

[175] 张欢，温振华．知识产权质押融资风险评价体系研究 [J]．华北金融，2013，(5)：29 – 32.

[176] 陈莹，宋跃进．知识产权质押融资的价值评估风险控制 [J]．区域经融研究，2012，(7)：85 – 88.

[177] 戴琳．中小企业知识产权质押融资问题分析 [J]．云南大学学报（法学版），2012，25 (5)：52 – 56.

[178] 陈见丽．中小型科技企业知识产权质押融资的困境与拓展 [J]．求索，2012，(5)：34 – 36.

[179] 刘文萍．企业无形资产的公允价值计量问题研究 [J]．现代经济信息，2015，(6)：235 – 236.

[180] 魏莉，张涛．基于 EVA 的企业无形资产价值评估模型及应用 [J]．中外企业家，2014，(7)：66 – 68，71.

[181] 刘玲玲．EVA 模型及其在企业价值评估中的应用研究 [D]．石家庄：河北大学，2014.

[182] 崔磊．基于 B – S 模型的实物期权定价法在专利资产评估中的应用 [D]．西安：长安大学，2015.

[183] 秦磊．基于 B – S 期权定价模型的企业价值评估研究 [D]．成都：西南财经大学，2014.

[184] 苑泽明，金宇，王天培．上市公司无形资产评价指数研究——基于创业板上市公司的实证检验 [J]．会计研究，2015，(5)：72 – 79，95.

[185] 余氲翔．高新技术企业无形资产评估方法的研究 [D]．成都：西南交通大学，2003.

[186] 刘剑波．我国无形资产评估及其收益法研究 [D]．大庆：大庆石油学院，2005.

[187] 李争艳．无形资产评估的收益法研究 [D]．大连：东北财经大学，2005.

[188] 陈久梅．无形资产评估理论、方法若干问题研究 [D]．西安：西安

电子科技大学，2002.

[189] Fernandes Amaral H, Iquiapaza R, Ferraz Correia L, at al. Evaluation of Intangible Assets：Alternative Models For Determining The Value of Patents ［C］. Revista De Gestão, Finanças E Contabilidade, 2014：123 – 143.

[190] Kudyrko O V. Management of Marketing Activities of Research Companies on the Basis of Rating Evaluation of Intangible Assets ［C］. Marketing & Management of Innovations, 2013：95 – 105.

[191] 刘强安. 略论无形资产公允价值计量问题——基于"公允价值域"模型的分析 ［J］. 财会月刊, 2013, 20：3 – 5.

附录一　Johnson's algorithm 算法决策规则

序号	规则(Rule)
1	C1([2,5)) AND C2([∗ ,1)) AND C3([3,4)) AND C5([∗ ,2)) AND C7(1) AND C8([∗ ,2)) AND C10([3, ∗)) AND C11([∗ ,2)) AND C14([∗ ,2)) AND C17([2, ∗)) AND C21([2, ∗)) AND C22([∗ ,2)) => D(5)
2	C1([2,5)) AND C2([∗ ,1)) AND C3([3,4)) AND C5([∗ ,2)) AND C7(1) AND C8([∗ ,2)) AND C10([3, ∗)) AND C11([3, ∗)) AND C14([∗ ,2)) AND C17([2, ∗)) AND C21([2, ∗)) AND C22([∗ ,2)) => D(5)
3	C1([2,5)) AND C2([∗ ,1)) AND C3([4, ∗)) AND C5([∗ ,2)) AND C7(1) AND C8([∗ ,2)) AND C10([2,3)) AND C11([∗ ,2)) AND C14([∗ ,2)) AND C17([2, ∗)) AND C21([2, ∗)) AND C22([∗ ,2)) => D(5)
4	C1([2,5)) AND C2([∗ ,1)) AND C3([3,4)) AND C5([∗ ,2)) AND C7(1) AND C8([∗ ,2)) AND C10([3, ∗)) AND C11([∗ ,2)) AND C14([∗ ,2)) AND C17([∗ ,2)) AND C21([2, ∗)) AND C22([∗ ,2)) => D(5)
5	C1([2,5)) AND C2([∗ ,1)) AND C3([3,4)) AND C5([∗ ,2)) AND C7(1) AND C8([∗ ,2)) AND C10([2,3)) AND C11([∗ ,2)) AND C14([∗ ,2)) AND C17([∗ ,2)) AND C21([2, ∗)) AND C22([∗ ,2)) –> D(5)
6	C1([5, ∗)) AND C2([∗ ,1)) AND C3([3,4)) AND C5([3, ∗)) AND C7(5) AND C8([2, ∗)) AND C10([3, ∗)) AND C11([2, ∗)) AND C14([2, ∗)) AND C17([∗ ,2)) AND C21([2, ∗)) AND C22([∗ ,2)) => D(5)
7	C1([5, ∗)) AND C2([1, ∗)) AND C3([3,4)) AND C5([∗ ,2)) AND C7(1) AND C8([∗ ,2)) AND C10([2,3)) AND C11([∗ ,2)) AND C14([∗ ,2)) AND C17([∗ ,2)) AND C21([2, ∗)) AND C22([∗ ,2)) => D(5)
8	C1([2,5)) AND C2([1, ∗)) AND C3([3,4)) AND C5([∗ ,2)) AND C7(1) AND C8([∗ ,2)) AND C10([∗ ,2)) AND C11([∗ ,2)) AND C14([2, ∗)) AND C17([∗ ,2)) AND C21([2, ∗)) AND C22([∗ ,2)) => D(5)
9	C1([5, ∗)) AND C2([∗ ,1)) AND C3([∗ ,3)) AND C5([∗ ,2)) AND C7(1) AND C8([∗ ,2)) AND C10([3, ∗)) AND C11([∗ ,2)) AND C14([2, ∗)) AND C17([2, ∗)) AND C21([2, ∗)) AND C22([∗ ,2)) => D(5)
10	C1([5, ∗)) AND C2([1, ∗)) AND C3([∗ ,3)) AND C5([∗ ,2)) AND C7(1) AND C8([∗ ,2)) AND C10([3, ∗)) AND C11([2, ∗)) AND C14([∗ ,2)) AND C17([2, ∗)) AND C21([2, ∗)) AND C22([∗ ,2)) => D(5)
11	C1([5, ∗)) AND C2([∗ ,1)) AND C3([∗ ,3)) AND C5([∗ ,2)) AND C7(1) AND C8([∗ ,2)) AND C10([3, ∗)) AND C11([2, ∗)) AND C14([2, ∗)) AND C17([∗ ,2)) AND C21([2, ∗)) AND C22([2, ∗)) => D(5)
12	C1([∗ ,2)) AND C2([∗ ,1)) AND C3([4, ∗)) AND C5([∗ ,2)) AND C7(1) AND C8([∗ ,2)) AND C10([3, ∗)) AND C11([∗ ,2)) AND C14([∗ ,2)) AND C17([2, ∗)) AND C21([2, ∗)) AND C22([∗ ,2)) => D(5)
13	C1([2,5)) AND C2([∗ ,1)) AND C3([∗ ,3)) AND C5([∗ ,2)) AND C7(1) AND C8([2, ∗)) AND C10([3, ∗)) AND C11([∗ ,2)) AND C14([2, ∗)) AND C17([∗ ,2)) AND C21([2, ∗)) AND C22([∗ ,2)) => D(5)
14	C1([5, ∗)) AND C2([1, ∗)) AND C3([3,4)) AND C5([∗ ,2)) AND C7(4) AND C8([2, ∗)) AND C10([3, ∗)) AND C11([2, ∗)) AND C14([2, ∗)) AND C17([∗ ,2)) AND C21([2, ∗)) AND C22([∗ ,2)) => D(5)

序号	规则(Rule)
15	C1([2,5)) AND C2([* ,1)) AND C3([4, *)) AND C5([* ,2)) AND C7(1) AND C8([2, *)) AND C10([2,3)) AND C11([* ,2)) AND C14([2, *)) AND C17([* ,2)) AND C21([2, *)) AND C22([* ,2)) => D(5)
16	C1([2,5)) AND C2([* ,1)) AND C3([4, *)) AND C5([* ,2)) AND C7(1) AND C8([* ,2)) AND C10([3, *)) AND C11([* ,2)) AND C14([2, *)) AND C17([* ,2)) AND C21([2, *)) AND C22([2, *)) => D(5)
17	C1([2,5)) AND C2([* ,1)) AND C3([3,4)) AND C5([* ,2)) AND C7(1) AND C8([* ,2)) AND C10([2,3)) AND C11([2, *)) AND C14([2, *)) AND C17([* ,2)) AND C21([2, *)) AND C22([2, *)) => D(5)
18	C1([5, *)) AND C2([1, *)) AND C3([3,4)) AND C5([* ,2)) AND C7(1) AND C8([2, *)) AND C10([3, *)) AND C11([2, *)) AND C14([2, *)) AND C17([* ,2)) AND C21([2, *)) AND C22([2, *)) => D(5)
19	C1([5, *)) AND C2([1, *)) AND C3([* ,3)) AND C5([* ,2)) AND C7(1) AND C8([2, *)) AND C10([2,3)) AND C11([2, *)) AND C14([2, *)) AND C17([* ,2)) AND C21([2, *)) AND C22([2, *)) => D(5)
20	C1([5, *)) AND C2([1, *)) AND C3([3,4)) AND C5([* ,2)) AND C7(1) AND C8([2, *)) AND C10([2,3)) AND C11([2, *)) AND C14([2, *)) AND C17([* ,2)) AND C21([2, *)) AND C22([2, *)) => D(5)
21	C1([2,5)) AND C2([* ,1)) AND C3([* ,3)) AND C5([* ,2)) AND C7(2) AND C8([* ,2)) AND C10([* ,2)) AND C11([* ,2)) AND C14([* ,2)) AND C17([2, *)) AND C21([2, *)) AND C22([2, *)) => D(5)
22	C1([5, *)) AND C2([* ,1)) AND C3([3,4)) AND C5([3, *)) AND C7(4) AND C8([2, *)) AND C10([3, *)) AND C11([* ,2)) AND C14([2, *)) AND C17([* ,2)) AND C21([2, *)) AND C22([2, *)) => D(5)
23	C1([2,5)) AND C2([* ,1)) AND C3([* ,3)) AND C5([* ,2)) AND C7(2) AND C8([2, *)) AND C10([2,3)) AND C11([* ,2)) AND C14([* ,2)) AND C17([2, *)) AND C21([2, *)) AND C22([2, *)) => D(5)
24	C1([2,5)) AND C2([* ,1)) AND C3([* ,3)) AND C5([* ,2)) AND C7(2) AND C8([2, *)) AND C10([2,3)) AND C11([2, *)) AND C14([* ,2)) AND C17([* ,2)) AND C21([2, *)) AND C22([2, *)) => D(5)
25	C1([5, *)) AND C2([1, *)) AND C3([* ,3)) AND C5([* ,2)) AND C7(3) AND C8([2, *)) AND C10([3, *)) AND C11([2, *)) AND C14([2, *)) AND C17([* ,2)) AND C21([2, *)) AND C22([2, *)) => D(5)
26	C1([5, *)) AND C2([* ,1)) AND C3([3,4)) AND C5([2,3)) AND C7(1) AND C8([2, *)) AND C10([3, *)) AND C11([2, *)) AND C14([2, *)) AND C17([2, *)) AND C21([2, *)) AND C22([2, *)) => D(5)
27	C1([5, *)) AND C2([* ,1)) AND C3([3,4)) AND C5([2,3)) AND C7(1) AND C8([2, *)) AND C10([3, *)) AND C11([2, *)) AND C14([2, *)) AND C17([* ,2)) AND C21([2, *)) AND C22([2, *)) => D(5)
28	C1([5, *)) AND C2([1, *)) AND C3([* ,3)) AND C5([3, *)) AND C7(5) AND C8([2, *)) AND C10([3, *)) AND C11([* ,2)) AND C14([2, *)) AND C17([2, *)) AND C21([2, *)) AND C22([2, *)) => D(5)
29	C1([5, *)) AND C2([* ,1)) AND C3([* ,3)) AND C5([3, *)) AND C7(1) AND C8([2, *)) AND C10([2,3)) AND C11([* ,2)) AND C14([2, *)) AND C17([* ,2)) AND C21([2, *)) AND C22([2, *)) => D(5)
30	C1([5, *)) AND C2([* ,1)) AND C3([* ,3)) AND C5([3, *)) AND C7(1) AND C8([2, *)) AND C10([2,3)) AND C11([2, *)) AND C14([2, *)) AND C17([2, *)) AND C21([2, *)) AND C22([2, *)) => D(5)
31	C1([5, *)) AND C2([1, *)) AND C3([* ,3)) AND C5([* ,2)) AND C7(1) AND C8([2, *)) AND C10([2,3)) AND C11([2, *)) AND C14([2, *)) AND C17([* ,2)) AND C21([* ,2)) AND C22([* ,2)) => D(5)
32	C1([5, *)) AND C2([* ,1)) AND C3([3,4)) AND C5([3, *)) AND C7(2) AND C8([* ,2)) AND C10([3, *)) AND C11([2, *)) AND C14([* ,2)) AND C17([2, *)) AND C21([* ,2)) AND C22([* ,2)) => D(5)

续表

序号	规则（Rule）
33	C1([5,＊)) AND C2([1,＊)) AND C3([＊,3)) AND C5([3,＊)) AND C7(3) AND C8([＊,2)) AND C10([＊,2)) AND C11([＊,2)) AND C14([＊,2)) AND C17([＊,2)) AND C21([＊,2)) AND C22([＊,2)) = > D(5)
34	C1([5,＊)) AND C2([1,＊)) AND C3([＊,3)) AND C5([3,＊)) AND C7(3) AND C8([2,＊)) AND C10([3,＊)) AND C11([2,＊)) AND C14([＊,2)) AND C17([＊,2)) AND C21([＊,2)) AND C22([＊,2)) = > D(5)
35	C1([5,＊)) AND C2([＊,1)) AND C3([3,4)) AND C5([2,3)) AND C7(4) AND C8([＊,2)) AND C10([3,＊)) AND C11([2,＊)) AND C14([＊,2)) AND C17([＊,2)) AND C21([＊,2)) AND C22([＊,2)) = > D(5)
36	C1([5,＊)) AND C2([1,＊)) AND C3([＊,3)) AND C5([＊,2)) AND C7(1) AND C8([2,＊)) AND C10([3,＊)) AND C11([2,＊)) AND C14([2,＊)) AND C17([＊,2)) AND C21([＊,2)) AND C22([2,＊)) = > D(5)
37	C1([5,＊)) AND C2([＊,1)) AND C3([3,4)) AND C5([2,3)) AND C7(1) AND C8([＊,2)) AND C10([3,＊)) AND C11([2,＊)) AND C14([＊,2)) AND C17([2,＊)) AND C21([＊,2)) AND C22([＊,2)) = > D(5)
38	C1([5,＊)) AND C2([1,＊)) AND C3([3,4)) AND C5([2,3)) AND C7(1) AND C8([＊,2)) AND C10([＊,2)) AND C11([＊,2)) AND C14([2,＊)) AND C17([＊,2)) AND C21([＊,2)) AND C22([2,＊)) = > D(5)
39	C1([2,5)) AND C2([＊,1)) AND C3([4,＊)) AND C5([＊,2)) AND C7(1) AND C8([＊,2)) AND C10([2,3)) AND C11([＊,2)) AND C14([2,＊)) AND C17([＊,2)) AND C21([＊,2)) AND C22([2,＊)) = > D(5)
40	C1([5,＊)) AND C2([＊,1)) AND C3([4,＊)) AND C5([＊,2)) AND C7(2) AND C8([2,＊)) AND C10([3,＊)) AND C11([2,＊)) AND C14([＊,2)) AND C17([2,＊)) AND C21([＊,2)) AND C22([＊,2)) = > D(5)
41	C1([5,＊)) AND C2([＊,1)) AND C3([4,＊)) AND C5([＊,2)) AND C7(1) AND C8([2,＊)) AND C10([＊,2)) AND C11([＊,2)) AND C14([2,＊)) AND C17([＊,2)) AND C21([＊,2)) AND C22([＊,2)) －> D(5)
42	C1([5,＊)) AND C2([＊,1)) AND C3([＊,3)) AND C5([＊,2)) AND C7(2) AND C8([2,＊)) AND C10([2,3)) AND C11([＊,2)) AND C14([2,＊)) AND C17([2,＊)) AND C21([＊,2)) AND C22([2,＊)) = > D(5)
43	C1([5,＊)) AND C2([＊,1)) AND C3([3,4)) AND C5([2,3)) AND C7(3) AND C8([2,＊)) AND C10([3,＊)) AND C11([2,＊)) AND C14([2,＊)) AND C17([＊,2)) AND C21([2,＊)) AND C22([＊,2)) = > D(5)
44	C1([2,5)) AND C2([＊,1)) AND C3([4,＊)) AND C5([＊,2)) AND C7(1) AND C8([＊,2)) AND C10([3,＊)) AND C11([2,＊)) AND C14([2,＊)) AND C17([2,＊)) AND C21([＊,2)) AND C22([＊,2)) = > D(4)
45	C1([5,＊)) AND C2([＊,1)) AND C3([3,4)) AND C5([＊,2)) AND C7(1) AND C8([＊,2)) AND C10([2,3)) AND C11([＊,2)) AND C14([2,＊)) AND C17([2,＊)) AND C21([2,＊)) AND C22([＊,2)) = > D(4)
46	C1([2,5)) AND C2([＊,1)) AND C3([4,＊)) AND C5([＊,2)) AND C7(2) AND C8([＊,2)) AND C10([2,3)) AND C11([2,＊)) AND C14([＊,2)) AND C17([＊,2)) AND C21([2,＊)) AND C22([＊,2)) = > D(4)
47	C1([5,＊)) AND C2([＊,1)) AND C3([＊,3)) AND C5([3,＊)) AND C7(5) AND C8([2,＊)) AND C10([＊,2)) AND C11([2,＊)) AND C14([＊,2)) AND C17([＊,2)) AND C21([2,＊)) AND C22([＊,2)) = > D(4)
48	C1([5,＊)) AND C2([1,＊)) AND C3([3,4)) AND C5([＊,2)) AND C7(2) AND C8([2,＊)) AND C10([3,＊)) AND C11([＊,2)) AND C14([2,＊)) AND C17([＊,2)) AND C21([2,＊)) AND C22([＊,2)) = > D(4)
49	C1([5,＊)) AND C2([＊,1)) AND C3([＊,3)) AND C5([＊,2)) AND C7(1) AND C8([＊,2)) AND C10([＊,2)) AND C11([2,＊)) AND C14([2,＊)) AND C17([2,＊)) AND C21([＊,2)) AND C22([2,＊)) = > D(4)
50	C1([5,＊)) AND C2([＊,1)) AND C3([＊,3)) AND C5([＊,2)) AND C7(2) AND C8([2,＊)) AND C10([3,＊)) AND C11([2,＊)) AND C14([＊,2)) AND C17([＊,2)) AND C21([2,＊)) AND C22([＊,2)) = > D(4)

续表

序号	规则(Rule)
51	C1([2,5)) AND C2([* ,1)) AND C3([* ,3)) AND C5([* ,2)) AND C7(2) AND C8([2, *)) AND C10([3, *)) AND C11([2, *)) AND C14([* ,2)) AND C17([* ,2)) AND C21([2, *)) AND C22([* ,2)) = > D(4)
52	C1([5, *)) AND C2([1, *)) AND C3([3,4)) AND C5([2,3)) AND C7(1) AND C8([2, *)) AND C10([3, *)) AND C11([* ,2)) AND C14([2, *)) AND C17([2, *)) AND C21([2, *)) AND C22([* ,2)) = > D(4)
53	C1([* ,2)) AND C2([* ,1)) AND C3([* ,3)) AND C5([* ,2)) AND C7(1) AND C8([* ,2)) AND C10([3, *)) AND C11([* ,2)) AND C14([* ,2)) AND C17([2, *)) AND C21([* ,2)) AND C22([* ,2)) = > D(4)
54	C1([5, *)) AND C2([* ,1)) AND C3([4, *)) AND C5([* ,2)) AND C7(2) AND C8([2, *)) AND C10([3, *)) AND C11([2, *)) AND C14([* ,2)) AND C17([2, *)) AND C21([2, *)) AND C22([* ,2)) = > D(4)
55	C1([2,5)) AND C2([1, *)) AND C3([* ,3)) AND C5([3, *)) AND C7(3) AND C8([2, *)) AND C10([3, *)) AND C11([* ,2)) AND C14([2, *)) AND C17([* ,2)) AND C21([2, *)) AND C22([* ,2)) = > D(4)
56	C1([* ,2)) AND C2([* ,1)) AND C3([* ,3)) AND C5([* ,2)) AND C7(1) AND C8([2, *)) AND C10([2,3)) AND C11([2, *)) AND C14([2, *)) AND C17([2, *)) AND C21([2, *)) AND C22([* ,2)) = > D(4)
57	C1([2,5)) AND C2([* ,1)) AND C3([* ,3)) AND C5([* ,2)) AND C7(1) AND C8([* ,2)) AND C10([2,3)) AND C11([* ,2)) AND C14([* ,2)) AND C17([2, *)) AND C21([2, *)) AND C22([* ,2)) = > D(4)
58	C1([2,5)) AND C2([1, *)) AND C3([* ,3)) AND C5([* ,2)) AND C7(3) AND C8([2, *)) AND C10([3, *)) AND C11([2, *)) AND C14([* ,2)) AND C17([2, *)) AND C21([2, *)) AND C22([2, *)) = > D(4)
59	C1([5, *)) AND C2([* ,1)) AND C3([3,4)) AND C5([* ,2)) AND C7(1) AND C8([* ,2)) AND C10([3, *)) AND C11([2, *)) AND C14([* ,2)) AND C17([* ,2)) AND C21([2, *)) AND C22([2, *)) = > D(4)
60	C1([2,5)) AND C2([* ,1)) AND C3([* ,3)) AND C5([* ,2)) AND C7(1) AND C8([2, *)) AND C10([3, *)) AND C11([2, *)) AND C14([2, *)) AND C17([* ,2)) AND C21([2, *)) AND C22([2, *)) = > D(4)
61	C1([2,5)) AND C2([* ,1)) AND C3([3,4)) AND C5([2,3)) AND C7(2) AND C8([2, *)) AND C10([3, *)) AND C11([* ,2)) AND C14([2, *)) AND C17([* ,2)) AND C21([2, *)) AND C22([2, *)) = > D(4)
62	C1([5, *)) AND C2([1, *)) AND C3([* ,3)) AND C5([2,3)) AND C7(1) AND C8([* ,2)) AND C10([2,3)) AND C11([* ,2)) AND C14([2, *)) AND C17([* ,2)) AND C21([2, *)) AND C22([2, *)) = > D(4)
63	C1([5, *)) AND C2([* ,1)) AND C3([3,4)) AND C5([2,3)) AND C7(5) AND C8([2, *)) AND C10([3, *)) AND C11([2, *)) AND C14([2, *)) AND C17([2, *)) AND C21([2, *)) AND C22([2, *)) = > D(4)
64	C1([5, *)) AND C2([1, *)) AND C3([* ,3)) AND C5([* ,2)) AND C7(3) AND C8([2, *)) AND C10([3, *)) AND C11([* ,2)) AND C14([2, *)) AND C17([2, *)) AND C21([2, *)) AND C22([2, *)) = > D(4)
65	C1([2,5)) AND C2([* ,1)) AND C3([* ,3)) AND C5([* ,2)) AND C7(3) AND C8([* ,2)) AND C10([3, *)) AND C11([2, *)) AND C14([2, *)) AND C17([2, *)) AND C21([2, *)) AND C22([2, *)) = > D(4)
66	C1([2,5)) AND C2([* ,1)) AND C3([* ,3)) AND C5([* ,2)) AND C7(1) AND C8([2, *)) AND C10([3, *)) AND C11([* ,2)) AND C14([2, *)) AND C17([2, *)) AND C21([2, *)) AND C22([2, *)) = > D(4)
67	C1([2,5)) AND C2([1, *)) AND C3([3,4)) AND C5([2,3)) AND C7(5) AND C8([2, *)) AND C10([2,3)) AND C11([2, *)) AND C14([2, *)) AND C17([2, *)) AND C21([2, *)) AND C22([2, *)) = > D(4)
68	C1([5, *)) AND C2([* ,1)) AND C3([3,4)) AND C5([2,3)) AND C7(5) AND C8([2, *)) AND C10([2,3)) AND C11([2, *)) AND C14([2, *)) AND C17([* ,2)) AND C21([2, *)) AND C22([2, *)) = > D(4)

序号	规则(Rule)
69	C1([2,5)) AND C2([*,1)) AND C3([*,3)) AND C5([*,2)) AND C7(2) AND C8([*,2)) AND C10([2,3)) AND C11([*,2)) AND C14([2,*)) AND C17([*,2)) AND C21([2,*)) AND C22([2,*)) = > D(4)
70	C1([5,*)) AND C2([*,1)) AND C3([*,3)) AND C5([*,2)) AND C7(3) AND C8([2,*)) AND C10([3,*)) AND C11([2,*)) AND C14([2,*)) AND C17([2,*)) AND C21([2,*)) AND C22([2,*)) = > D(4)
71	C1([5,*)) AND C2([1,*)) AND C3([*,3)) AND C5([*,2)) AND C7(3) AND C8([2,*)) AND C10([2,3)) AND C11([2,*)) AND C14([2,*)) AND C17([2,*)) AND C21([2,*)) AND C22([2,*)) = > D(4)
72	C1([5,*)) AND C2([1,*)) AND C3([3,4)) AND C5([2,3)) AND C7(2) AND C8([2,*)) AND C10([*,2)) AND C11([2,*)) AND C14([2,*)) AND C17([*,2)) AND C21([2,*)) AND C22([2,*)) = > D(4)
73	C1([*,2)) AND C2([*,1)) AND C3([*,3)) AND C5([*,2)) AND C7(3) AND C8([*,2)) AND C10([3,*)) AND C11([2,*)) AND C14([2,*)) AND C17([2,*)) AND C21([2,*)) AND C22([2,*)) = > D(4)
74	C1([5,*)) AND C2([*,1)) AND C3([3,4)) AND C5([3,*)) AND C7(4) AND C8([2,*)) AND C10([3,*)) AND C11([2,*)) AND C14([2,*)) AND C17([2,*)) AND C21([2,*)) AND C22([2,*)) = > D(4)
75	C1([5,*)) AND C2([*,1)) AND C3([4,*)) AND C5([3,*)) AND C7(4) AND C8([2,*)) AND C10([2,3)) AND C11([*,2)) AND C14([2,*)) AND C17([*,2)) AND C21([2,*)) AND C22([2,*)) = > D(4)
76	C1([2,5)) AND C2([*,1)) AND C3([3,4)) AND C5([*,2)) AND C7(1) AND C8([2,*)) AND C10([3,*)) AND C11([2,*)) AND C14([2,*)) AND C17([*,2)) AND C21([2,*)) AND C22([2,*)) = > D(4)
77	C1([5,*)) AND C2([*,1)) AND C3([*,3)) AND C5([*,2)) AND C7(4) AND C8([2,*)) AND C10([3,*)) AND C11([2,*)) AND C14([2,*)) AND C17([*,2)) AND C21([2,*)) AND C22([2,*)) - > D(4)
78	C1([2,5)) AND C2([*,1)) AND C3([3,4)) AND C5([2,3)) AND C7(1) AND C8([2,*)) AND C10([3,*)) AND C11([*,2)) AND C14([2,*)) AND C17([*,2)) AND C21([2,*)) AND C22([2,*)) = > D(4)
79	C1([5,*)) AND C2([*,1)) AND C3([*,3)) AND C5([3,*)) AND C7(2) AND C8([2,*)) AND C10([3,*)) AND C11([*,2)) AND C14([2,*)) AND C17([2,*)) AND C21([2,*)) AND C22([2,*)) = > D(4)
80	C1([2,5)) AND C2([*,1)) AND C3([4,*)) AND C5([2,3)) AND C7(3) AND C8([2,*)) AND C10([3,*)) AND C11([2,*)) AND C14([2,*)) AND C17([2,*)) AND C21([2,*)) AND C22([2,*)) = > D(4)
81	C1([2,5)) AND C2([*,1)) AND C3([*,3)) AND C5([*,2)) AND C7(2) AND C8([2,*)) AND C10([3,*)) AND C11([*,2)) AND C14([2,*)) AND C17([2,*)) AND C21([2,*)) AND C22([2,*)) = > D(4)
82	C1([5,*)) AND C2([*,1)) AND C3([4,*)) AND C5([*,2)) AND C7(1) AND C8([2,*)) AND C10([2,3)) AND C11([2,*)) AND C14([2,*)) AND C17([2,*)) AND C21([2,*)) AND C22([2,*)) = > D(4)
83	C1([5,*)) AND C2([1,*)) AND C3([4,*)) AND C5([*,2)) AND C7(3) AND C8([2,*)) AND C10([3,*)) AND C11([2,*)) AND C14([2,*)) AND C17([*,2)) AND C21([2,*)) AND C22([2,*)) = > D(4)
84	C1([5,*)) AND C2([1,*)) AND C3([4,*)) AND C5([3,*)) AND C7(5) AND C8([2,*)) AND C10([2,3)) AND C11([2,*)) AND C14([2,*)) AND C17([2,*)) AND C21([2,*)) AND C22([2,*)) = > D(4)
85	C1([5,*)) AND C2([*,1)) AND C3([*,3)) AND C5([2,3)) AND C7(3) AND C8([*,2)) AND C10([3,*)) AND C11([*,2)) AND C14([2,*)) AND C17([2,*)) AND C21([2,*)) AND C22([2,*)) = > D(4)
86	C1([*,2)) AND C2([*,1)) AND C3([4,*)) AND C5([*,2)) AND C7(1) AND C8([*,2)) AND C10([*,2)) AND C11([*,2)) AND C14([2,*)) AND C17([*,2)) AND C21([*,2)) AND C22([*,2)) = > D(4)

序号	规则(Rule)
87	C1([2,5)) AND C2([* ,1)) AND C3([3,4)) AND C5([* ,2)) AND C7(1) AND C8([* ,2)) AND C10([* ,2)) AND C11([* ,2)) AND C14([2, *)) AND C17([* ,2)) AND C21([* ,2)) AND C22([* ,2)) = > D(4)
88	C1([5, *)) AND C2([* ,1)) AND C3([3,4)) AND C5([2,3)) AND C7(1) AND C8([2, *)) AND C10([2,3)) AND C11([* ,2)) AND C14([2, *)) AND C17([* ,2)) AND C21([* ,2)) AND C22([* ,2)) = > D(4)
89	C1([5, *)) AND C2([* ,1)) AND C3([4, *)) AND C5([2,3)) AND C7(1) AND C8([2, *)) AND C10([2,3)) AND C11([* ,2)) AND C14([2, *)) AND C17([* ,2)) AND C21([* ,2)) AND C22([* ,2)) = > D(4)
90	C1([5, *)) AND C2([* ,1)) AND C3([* ,3)) AND C5([* ,2)) AND C7(1) AND C8([2, *)) AND C10([2,3)) AND C11([2, *)) AND C14([2, *)) AND C17([* ,2)) AND C21([* ,2)) AND C22([* ,2)) = > D(4)
91	C1([5, *)) AND C2([1, *)) AND C3([4, *)) AND C5([* ,2)) AND C7(1) AND C8([2, *)) AND C10([* ,2)) AND C11([2, *)) AND C14([* ,2)) AND C17([2, *)) AND C21([* ,2)) AND C22([* ,2)) = > D(4)
92	C1([5, *)) AND C2([1, *)) AND C3([4, *)) AND C5([3, *)) AND C7(1) AND C8([2, *)) AND C10([* ,2)) AND C11([2, *)) AND C14([2, *)) AND C17([2, *)) AND C21([* ,2)) AND C22([2, *)) = > D(4)
93	C1([5, *)) AND C2([1, *)) AND C3([4, *)) AND C5([3, *)) AND C7(2) AND C8([2, *)) AND C10([3, *)) AND C11([* ,2)) AND C14([* ,2)) AND C17([2, *)) AND C21([* ,2)) AND C22([* ,2)) = > D(4)
94	C1([2,5)) AND C2([* ,1)) AND C3([3,4)) AND C5([* ,2)) AND C7(1) AND C8([* ,2)) AND C10([* ,2)) AND C11([* ,2)) AND C14([* ,2)) AND C17([* ,2)) AND C21([* ,2)) AND C22([* ,2)) = > D(4)
95	C1([5, *)) AND C2([1, *)) AND C3([* ,3)) AND C5([2,3)) AND C7(1) AND C8([2, *)) AND C10([2,3)) AND C11([* ,2)) AND C14([2, *)) AND C17([2, *)) AND C21([* ,2)) AND C22([2, *)) = > D(4)
96	C1([2,5)) AND C2([* ,1)) AND C3([4, *)) AND C5([* ,2)) AND C7(1) AND C8([* ,2)) AND C10([2,3)) AND C11([* ,2)) AND C14([* ,2)) AND C17([2, *)) AND C21([* ,2)) AND C22([* ,2)) = > D(4)
97	C1([5, *)) AND C2([* ,1)) AND C3([4, *)) AND C5([* ,2)) AND C7(1) AND C8([2, *)) AND C10([3, *)) AND C11([2, *)) AND C14([* ,2)) AND C17([2, *)) AND C21([* ,2)) AND C22([* ,2)) = > D(4)
98	C1([5, *)) AND C2([1, *)) AND C3([* ,3)) AND C5([* ,2)) AND C7(3) AND C8([* ,2)) AND C10([3, *)) AND C11([2, *)) AND C14([2, *)) AND C17([* ,2)) AND C21([* ,2)) AND C22([2, *)) = > D(4)
99	C1([5, *)) AND C2([* ,1)) AND C3([* ,3)) AND C5([* ,2)) AND C7(1) AND C8([* ,2)) AND C10([* ,2)) AND C11([* ,2)) AND C14([2, *)) AND C17([* ,2)) AND C21([* ,2)) AND C22([* ,2)) = > D(4)
100	C1([5, *)) AND C2([* ,1)) AND C3([3,4)) AND C5([* ,2)) AND C7(3) AND C8([2, *)) AND C10([2,3)) AND C11([2, *)) AND C14([* ,2)) AND C17([2, *)) AND C21([* ,2)) AND C22([* ,2)) = > D(4)
101	C1([5, *)) AND C2([1, *)) AND C3([* ,3)) AND C5([* ,2)) AND C7(1) AND C8([2, *)) AND C10([2,3)) AND C11([2, *)) AND C14([* ,2)) AND C17([2, *)) AND C21([2, *)) AND C22([* ,2)) = > D(4)
102	C1([5, *)) AND C2([* ,1)) AND C3([3,4)) AND C5([2,3)) AND C7(1) AND C8([2, *)) AND C10([* ,2)) AND C11([* ,2)) AND C14([2, *)) AND C17([2, *)) AND C21([2, *)) AND C22([* ,2)) = > D(4)
103	C1([5, *)) AND C2([* ,1)) AND C3([3,4)) AND C5([2,3)) AND C7(5) AND C8([2, *)) AND C10([* ,2)) AND C11([* ,2)) AND C14([* ,2)) AND C17([2, *)) AND C21([2, *)) AND C22([* ,2)) = > D(3)
104	C1([2,5)) AND C2([* ,1)) AND C3([3,4)) AND C5([* ,2)) AND C7(2) AND C8([* ,2)) AND C10([2,3)) AND C11([* ,2)) AND C14([2, *)) AND C17([2, *)) AND C21([2, *)) AND C22([* ,2)) = > D(3)

序号	规则(Rule)
105	C1([2,5)) AND C2([＊,1)) AND C3([3,4)) AND C5([2,3)) AND C7(2) AND C8([2,＊)) AND C10([2,3)) AND C11([＊,2)) AND C14([2,＊)) AND C17([＊,2)) AND C21([2,＊)) AND C22([＊,2)) => D(3)
106	C1([2,5)) AND C2([＊,1)) AND C3([4,＊)) AND C5([2,3)) AND C7(2) AND C8([2,＊)) AND C10([2,3)) AND C11([2,＊)) AND C14([2,＊)) AND C17([2,＊)) AND C21([2,＊)) AND C22([＊,2)) => D(3)
107	C1([2,5)) AND C2([＊,1)) AND C3([＊,3)) AND C5([＊,2)) AND C7(1) AND C8([＊,2)) AND C10([3,＊)) AND C11([＊,2)) AND C14([2,＊)) AND C17([2,＊)) AND C21([2,＊)) AND C22([＊,2)) => D(3)
108	C1([2,5)) AND C2([＊,1)) AND C3([4,＊)) AND C5([＊,2)) AND C7(3) AND C8([2,＊)) AND C10([2,3)) AND C11([2,＊)) AND C14([2,＊)) AND C17([2,＊)) AND C21([2,＊)) AND C22([＊,2)) => D(3)
109	C1([2,5)) AND C2([＊,1)) AND C3([3,4)) AND C5([＊,2)) AND C7(5) AND C8([2,＊)) AND C10([3,＊)) AND C11([2,＊)) AND C14([＊,2)) AND C17([2,＊)) AND C21([2,＊)) AND C22([＊,2)) => D(3)
110	C1([2,5)) AND C2([＊,1)) AND C3([3,4)) AND C5([＊,2)) AND C7(1) AND C8([＊,2)) AND C10([＊,2)) AND C11([＊,2)) AND C14([2,＊)) AND C17([＊,2)) AND C21([2,＊)) AND C22([＊,2)) => D(3)
111	C1([＊,2)) AND C2([＊,1)) AND C3([3,4)) AND C5([＊,2)) AND C7(1) AND C8([＊,2)) AND C10([2,3)) AND C11([＊,2)) AND C14([＊,2)) AND C17([＊,2)) AND C21([2,＊)) AND C22([＊,2)) => D(3)
112	C1([5,＊)) AND C2([＊,1)) AND C3([＊,3)) AND C5([＊,2)) AND C7(3) AND C8([2,＊)) AND C10([3,＊)) AND C11([2,＊)) AND C14([2,＊)) AND C17([2,＊)) AND C21([2,＊)) AND C22([＊,2)) => D(3)
113	C1([2,5)) AND C2([＊,1)) AND C3([3,4)) AND C5([＊,2)) AND C7(1) AND C8([＊,2)) AND C10([2,3)) AND C11([2,＊)) AND C14([2,＊)) AND C17([＊,2)) AND C21([2,＊)) AND C22([＊,2)) => D(3)
114	C1([5,＊)) AND C2([1,＊)) AND C3([3,4)) AND C5([3,＊)) AND C7(1) AND C8([＊,2)) AND C10([2,3)) AND C11([＊,2)) AND C14([2,＊)) AND C17([2,＊)) AND C21([2,＊)) AND C22([＊,2)) => D(3)
115	C1([5,＊)) AND C2([1,＊)) AND C3([4,＊)) AND C5([3,＊)) AND C7(5) AND C8([2,＊)) AND C10([2,3)) AND C11([＊,2)) AND C14([＊,2)) AND C17([＊,2)) AND C21([2,＊)) AND C22([＊,2)) => D(3)
116	C1([2,5)) AND C2([1,＊)) AND C3([＊,3)) AND C5([2,3)) AND C7(1) AND C8([＊,2)) AND C10([2,3)) AND C11([2,＊)) AND C14([＊,2)) AND C17([2,＊)) AND C21([2,＊)) AND C22([＊,2)) => D(3)
117	C1([2,5)) AND C2([＊,1)) AND C3([＊,3)) AND C5([＊,2)) AND C7(4) AND C8([2,＊)) AND C10([＊,2)) AND C11([＊,2)) AND C14([2,＊)) AND C17([＊,2)) AND C21([2,＊)) AND C22([＊,2)) => D(3)
118	C1([2,5)) AND C2([＊,1)) AND C3([＊,3)) AND C5([＊,2)) AND C7(1) AND C8([＊,2)) AND C10([3,＊)) AND C11([＊,2)) AND C14([2,＊)) AND C17([＊,2)) AND C21([2,＊)) AND C22([＊,2)) => D(3)
119	C1([5,＊)) AND C2([＊,1)) AND C3([＊,3)) AND C5([2,3)) AND C7(2) AND C8([2,＊)) AND C10([3,＊)) AND C11([2,＊)) AND C14([＊,2)) AND C17([2,＊)) AND C21([2,＊)) AND C22([＊,2)) => D(3)
120	C1([5,＊)) AND C2([1,＊)) AND C3([＊,3)) AND C5([＊,2)) AND C7(4) AND C8([2,＊)) AND C10([3,＊)) AND C11([2,＊)) AND C14([2,＊)) AND C17([＊,2)) AND C21([2,＊)) AND C22([＊,2)) => D(3)
121	C1([2,5)) AND C2([1,＊)) AND C3([3,4)) AND C5([2,3)) AND C7(1) AND C8([＊,2)) AND C10([＊,2)) AND C11([＊,2)) AND C14([2,＊)) AND C17([＊,2)) AND C21([2,＊)) AND C22([2,＊)) => D(3)
122	C1([2,5)) AND C2([1,＊)) AND C3([3,4)) AND C5([＊,2)) AND C7(2) AND C8([2,＊)) AND C10([2,3)) AND C11([＊,2)) AND C14([2,＊)) AND C17([＊,2)) AND C21([2,＊)) AND C22([2,＊)) => D(3)

序号	规则(Rule)
123	C1([5,*)) AND C2([1,*)) AND C3([3,4)) AND C5([*,2)) AND C7(2) AND C8([2,*)) AND C10([3,*)) AND C11([*,2)) AND C14([2,*)) AND C17([*,2)) AND C21([2,*)) AND C22([2,*)) => D(3)
124	C1([5,*)) AND C2([1,*)) AND C3([*,3)) AND C5([*,2)) AND C7(1) AND C8([2,*)) AND C10([2,3)) AND C11([2,*)) AND C14([*,2)) AND C17([2,*)) AND C21([2,*)) AND C22([2,*)) => D(3)
125	C1([5,*)) AND C2([1,*)) AND C3([*,3)) AND C5([*,2)) AND C7(1) AND C8([2,*)) AND C10([3,*)) AND C11([*,2)) AND C14([*,2)) AND C17([2,*)) AND C21([2,*)) AND C22([2,*)) => D(3)
126	C1([2,5)) AND C2([*,1)) AND C3([*,3)) AND C5([*,2)) AND C7(1) AND C8([2,*)) AND C10([3,*)) AND C11([*,2)) AND C14([2,*)) AND C17([*,2)) AND C21([2,*)) AND C22([2,*)) => D(3)
127	C1([2,5)) AND C2([*,1)) AND C3([*,3)) AND C5([2,3)) AND C7(1) AND C8([2,*)) AND C10([3,*)) AND C11([2,*)) AND C14([2,*)) AND C17([*,2)) AND C21([2,*)) AND C22([2,*)) => D(3)
128	C1([5,*)) AND C2([*,1)) AND C3([3,4)) AND C5([2,3)) AND C7(2) AND C8([2,*)) AND C10([2,3)) AND C11([*,2)) AND C14([2,*)) AND C17([*,2)) AND C21([2,*)) AND C22([2,*)) => D(3)
129	C1([*,2)) AND C2([*,1)) AND C3([4,*)) AND C5([*,2)) AND C7(1) AND C8([*,2)) AND C10([2,3)) AND C11([*,2)) AND C14([2,*)) AND C17([2,*)) AND C21([2,*)) AND C22([2,*)) => D(3)
130	C1([5,*)) AND C2([*,1)) AND C3([*,3)) AND C5([*,2)) AND C7(1) AND C8([2,*)) AND C10([*,2)) AND C11([*,2)) AND C14([2,*)) AND C17([*,2)) AND C21([2,*)) AND C22([2,*)) => D(3)
131	C1([2,5)) AND C2([*,1)) AND C3([3,4)) AND C5([2,3)) AND C7(1) AND C8([2,*)) AND C10([3,*)) AND C11([2,*)) AND C14([2,*)) AND C17([*,2)) AND C21([2,*)) AND C22([2,*)) => D(3)
132	C1([5,*)) AND C2([*,1)) AND C3([*,3)) AND C5([*,2)) AND C7(2) AND C8([2,*)) AND C10([3,*)) AND C11([*,2)) AND C14([2,*)) AND C17([2,*)) AND C21([2,*)) AND C22([2,*)) => D(3)
133	C1([5,*)) AND C2([*,1)) AND C3([3,4)) AND C5([*,2)) AND C7(2) AND C8([2,*)) AND C10([2,3)) AND C11([*,2)) AND C14([2,*)) AND C17([2,*)) AND C21([2,*)) AND C22([2,*)) => D(3)
134	C1([2,5)) AND C2([*,1)) AND C3([*,3)) AND C5([*,2)) AND C7(3) AND C8([2,*)) AND C10([3,*)) AND C11([2,*)) AND C14([2,*)) AND C17([2,*)) AND C21([2,*)) AND C22([2,*)) => D(3)
135	C1([5,*)) AND C2([*,1)) AND C3([*,3)) AND C5([2,3)) AND C7(5) AND C8([2,*)) AND C10([3,*)) AND C11([*,2)) AND C14([*,2)) AND C17([*,2)) AND C21([2,*)) AND C22([2,*)) => D(3)
136	C1([5,*)) AND C2([*,1)) AND C3([*,3)) AND C5([2,3)) AND C7(1) AND C8([2,*)) AND C10([2,3)) AND C11([2,*)) AND C14([2,*)) AND C17([*,2)) AND C21([2,*)) AND C22([2,*)) => D(3)
137	C1([5,*)) AND C2([*,1)) AND C3([3,4)) AND C5([3,*)) AND C7(3) AND C8([2,*)) AND C10([3,*)) AND C11([*,2)) AND C14([2,*)) AND C17([2,*)) AND C21([2,*)) AND C22([2,*)) => D(3)
138	C1([2,5)) AND C2([*,1)) AND C3([*,3)) AND C5([*,2)) AND C7(1) AND C8([*,2)) AND C10([3,*)) AND C11([*,2)) AND C14([2,*)) AND C17([*,2)) AND C21([2,*)) AND C22([2,*)) => D(3)
139	C1([5,*)) AND C2([1,*)) AND C3([3,4)) AND C5([*,2)) AND C7(1) AND C8([2,*)) AND C10([3,*)) AND C11([*,2)) AND C14([2,*)) AND C17([*,2)) AND C21([2,*)) AND C22([2,*)) => D(3)
140	C1([2,5)) AND C2([*,1)) AND C3([3,4)) AND C5([*,2)) AND C7(2) AND C8([2,*)) AND C10([2,3)) AND C11([*,2)) AND C14([2,*)) AND C17([2,*)) AND C21([2,*)) AND C22([2,*)) => D(3)

序号	规则(Rule)
141	C1([2,5)) AND C2([∗,1)) AND C3([∗,3)) AND C5([∗,2)) AND C7(2) AND C8([2,∗)) AND C10([2,3)) AND C11([∗,2)) AND C14([2,∗)) AND C17([∗,2)) AND C21([2,∗)) AND C22([2,∗)) = > D(3)
142	C1([5,∗)) AND C2([∗,1)) AND C3([3,4)) AND C5([∗,2)) AND C7(3) AND C8([2,∗)) AND C10([2,3)) AND C11([2,∗)) AND C14([2,∗)) AND C17([2,∗)) AND C21([2,∗)) AND C22([2,∗)) = > D(3)
143	C1([5,∗)) AND C2([1,∗)) AND C3([∗,3)) AND C5([3,∗)) AND C7(3) AND C8([∗,2)) AND C10([2,3)) AND C11([∗,2)) AND C14([2,∗)) AND C17([∗,2)) AND C21([2,∗)) AND C22([2,∗)) = > D(3)
144	C1([5,∗)) AND C2([1,∗)) AND C3([4,∗)) AND C5([2,3)) AND C7(1) AND C8([2,∗)) AND C10([3,∗)) AND C11([2,∗)) AND C14([2,∗)) AND C17([2,∗)) AND C21([2,∗)) AND C22([2,∗)) = > D(3)
145	C1([5,∗)) AND C2([∗,1)) AND C3([4,∗)) AND C5([2,3)) AND C7(1) AND C8([2,∗)) AND C10([3,∗)) AND C11([∗,2)) AND C14([2,∗)) AND C17([∗,2)) AND C21([2,∗)) AND C22([2,∗)) = > D(3)
146	C1([5,∗)) AND C2([∗,1)) AND C3([∗,3)) AND C5([∗,2)) AND C7(2) AND C8([∗,2)) AND C10([∗,2)) AND C11([∗,2)) AND C14([∗,2)) AND C17([∗,2)) AND C21([∗,2)) AND C22([∗,2)) = > D(3)
147	C1([5,∗)) AND C2([∗,1)) AND C3([3,4)) AND C5([∗,2)) AND C7(1) AND C8([∗,2)) AND C10([3,∗)) AND C11([2,∗)) AND C14([2,∗)) AND C17([2,∗)) AND C21([∗,2)) AND C22([2,∗)) = > D(3)
148	C1([5,∗)) AND C2([1,∗)) AND C3([4,∗)) AND C5([3,∗)) AND C7(1) AND C8([2,∗)) AND C10([2,3)) AND C11([2,∗)) AND C14([2,∗)) AND C17([2,∗)) AND C21([∗,2)) AND C22([2,∗)) = > D(3)
149	C1([2,5)) AND C2([∗,1)) AND C3([4,∗)) AND C5([∗,2)) AND C7(1) AND C8([2,∗)) AND C10([2,3)) AND C11([2,∗)) AND C14([2,∗)) AND C17([∗,2)) AND C21([∗,2)) AND C22([2,∗)) = > D(3)
150	C1([5,∗)) AND C2([∗,1)) AND C3([4,∗)) AND C5([∗,2)) AND C7(2) AND C8([∗,2)) AND C10([3,∗)) AND C11([2,∗)) AND C14([2,∗)) AND C17([∗,2)) AND C21([∗,2)) AND C22([2,∗)) = > D(3)
151	C1([5,∗)) AND C2([1,∗)) AND C3([3,4)) AND C5([∗,2)) AND C7(2) AND C8([2,∗)) AND C10([3,∗)) AND C11([2,∗)) AND C14([2,∗)) AND C17([∗,2)) AND C21([∗,2)) AND C22([∗,2)) = > D(3)
152	C1([5,∗)) AND C2([∗,1)) AND C3([3,4)) AND C5([∗,2)) AND C7(1) AND C8([2,∗)) AND C10([2,3)) AND C11([∗,2)) AND C14([∗,2)) AND C17([2,∗)) AND C21([∗,2)) AND C22([∗,2)) = > D(3)
153	C1([5,∗)) AND C2([∗,1)) AND C3([3,4)) AND C5([2,3)) AND C7(2) AND C8([2,∗)) AND C10([3,∗)) AND C11([2,∗)) AND C14([2,∗)) AND C17([2,∗)) AND C21([∗,2)) AND C22([∗,2)) = > D(3)
154	C1([5,∗)) AND C2([1,∗)) AND C3([4,∗)) AND C5([∗,2)) AND C7(3) AND C8([∗,2)) AND C10([∗,2)) AND C11([2,∗)) AND C14([2,∗)) AND C17([∗,2)) AND C21([∗,2)) AND C22([∗,2)) = > D(3)
155	C1([2,5)) AND C2([1,∗)) AND C3([4,∗)) AND C5([∗,2)) AND C7(1) AND C8([∗,2)) AND C10([∗,2)) AND C11([2,∗)) AND C14([∗,2)) AND C17([∗,2)) AND C21([∗,2)) AND C22([2,∗)) = > D(3)
156	C1([5,∗)) AND C2([∗,1)) AND C3([4,∗)) AND C5([∗,2)) AND C7(1) AND C8([∗,2)) AND C10([∗,2)) AND C11([∗,2)) AND C14([2,∗)) AND C17([∗,2)) AND C21([∗,2)) AND C22([∗,2)) = > D(3)
157	C1([5,∗)) AND C2([1,∗)) AND C3([4,∗)) AND C5([∗,2)) AND C7(1) AND C8([2,∗)) AND C10([2,3)) AND C11([∗,2)) AND C14([2,∗)) AND C17([2,∗)) AND C21([∗,2)) AND C22([∗,2)) = > D(3)
158	C1([5,∗)) AND C2([∗,1)) AND C3([3,4)) AND C5([∗,2)) AND C7(2) AND C8([∗,2)) AND C10([2,3)) AND C11([2,∗)) AND C14([2,∗)) AND C17([2,∗)) AND C21([∗,2)) AND C22([2,∗)) = > D(3)

序号	规则(Rule)
159	C1([2,5)) AND C2([*,1)) AND C3([3,4)) AND C5([*,2)) AND C7(1) AND C8([*,2)) AND C10([*,2)) AND C11([2,*)) AND C14([2,*)) AND C17([*,2)) AND C21([*,2)) AND C22([2,*)) => D(3)
160	C1([2,5)) AND C2([*,1)) AND C3([*,3)) AND C5([*,2)) AND C7(2) AND C8([*,2)) AND C10([*,2)) AND C11([*,2)) AND C14([2,*)) AND C17([2,*)) AND C21([*,2)) AND C22([2,*)) => D(3)
161	C1([5,*)) AND C2([*,1)) AND C3([*,3)) AND C5([*,2)) AND C7(1) AND C8([*,2)) AND C10([2,3)) AND C11([*,2)) AND C14([2,*)) AND C17([*,2)) AND C21([*,2)) AND C22([*,*)) => D(3)
162	C1([5,*)) AND C2([1,*)) AND C3([*,3)) AND C5([*,2)) AND C7(3) AND C8([*,2)) AND C10([*,2)) AND C11([2,*)) AND C14([2,*)) AND C17([2,*)) AND C21([*,2)) AND C22([2,*)) => D(3)
163	C1([5,*)) AND C2([1,*)) AND C3([3,4)) AND C5([2,3)) AND C7(3) AND C8([2,*)) AND C10([3,*)) AND C11([2,*)) AND C14([*,2)) AND C17([2,*)) AND C21([*,2)) AND C22([*,2)) => D(3)
164	C1([5,*)) AND C2([1,*)) AND C3([*,3)) AND C5([*,2)) AND C7(3) AND C8([*,2)) AND C10([3,*)) AND C11([*,2)) AND C14([2,*)) AND C17([*,2)) AND C21([*,2)) AND C22([*,2)) => D(3)
165	C1([5,*)) AND C2([1,*)) AND C3([*,3)) AND C5([2,3)) AND C7(1) AND C8([2,*)) AND C10([3,*)) AND C11([*,2)) AND C14([2,*)) AND C17([*,2)) AND C21([*,2)) AND C22([*,2)) => D(3)
166	C1([2,5)) AND C2([*,1)) AND C3([3,4)) AND C5([2,3)) AND C7(1) AND C8([*,2)) AND C10([2,3)) AND C11([*,2)) AND C14([2,*)) AND C17([2,*)) AND C21([*,2)) AND C22([2,*)) => D(3)
167	C1([5,*)) AND C2([*,1)) AND C3([3,4)) AND C5([*,2)) AND C7(3) AND C8([2,*)) AND C10([*,2)) AND C11([2,*)) AND C14([*,2)) AND C17([*,2)) AND C21([*,2)) AND C22([*,2)) => D(3)
168	C1([5,*)) AND C2([1,*)) AND C3([4,*)) AND C5([*,2)) AND C7(3) AND C8([*,2)) AND C10([*,2)) AND C11([2,*)) AND C14([2,*)) AND C17([*,2)) AND C21([*,2)) AND C22([2,*)) => D(3)
169	C1([5,*)) AND C2([1,*)) AND C3([*,3)) AND C5([*,2)) AND C7(1) AND C8([*,2)) AND C10([3,*)) AND C11([*,2)) AND C14([2,*)) AND C17([*,2)) AND C21([*,2)) AND C22([*,2)) => D(3)
170	C1([2,5)) AND C2([*,1)) AND C3([4,*)) AND C5([*,2)) AND C7(1) AND C8([*,2)) AND C10([*,2)) AND C11([2,*)) AND C14([2,*)) AND C17([*,2)) AND C21([*,2)) AND C22([*,2)) => D(3)
171	C1([5,*)) AND C2([*,1)) AND C3([*,3)) AND C5([*,2)) AND C7(1) AND C8([*,2)) AND C10([3,*)) AND C11([*,2)) AND C14([2,*)) AND C17([*,2)) AND C21([*,2)) AND C22([2,*)) => D(3)
172	C1([5,*)) AND C2([*,1)) AND C3([3,4)) AND C5([*,2)) AND C7(1) AND C8([2,*)) AND C10([3,*)) AND C11([2,*)) AND C14([2,*)) AND C17([*,2)) AND C21([2,*)) AND C22([*,*)) => D(2)
173	C1([*,2)) AND C2([*,1)) AND C3([3,4)) AND C5([*,2)) AND C7(1) AND C8([*,2)) AND C10([2,3)) AND C11([*,2)) AND C14([2,*)) AND C17([*,2)) AND C21([2,*)) AND C22([*,2)) => D(2)
174	C1([*,2)) AND C2([*,1)) AND C3([3,4)) AND C5([*,2)) AND C7(1) AND C8([2,*)) AND C10([*,2)) AND C11([2,*)) AND C14([*,2)) AND C17([2,*)) AND C21([2,*)) AND C22([*,2)) => D(2)
175	C1([2,5)) AND C2([*,1)) AND C3([4,*)) AND C5([*,2)) AND C7(1) AND C8([*,2)) AND C10([*,2)) AND C11([2,*)) AND C14([*,2)) AND C17([*,2)) AND C21([2,*)) AND C22([*,*)) => D(2)
176	C1([2,5)) AND C2([*,1)) AND C3([3,4)) AND C5([*,2)) AND C7(1) AND C8([*,2)) AND C10([3,*)) AND C11([2,*)) AND C14([2,*)) AND C17([*,2)) AND C21([2,*)) AND C22([2,*)) => D(2)

序号	规则(Rule)
177	C1([2,5)) AND C2([* ,1)) AND C3([4, *)) AND C5([* ,2)) AND C7(1) AND C8([* ,2)) AND C10([3, *)) AND C11([* ,2)) AND C14([2, *)) AND C17([2, *)) AND C21([2, *)) AND C22([2, *)) = > D(2)
178	C1([5, *)) AND C2([1, *)) AND C3([3,4)) AND C5([* ,2)) AND C7(1) AND C8([2, *)) AND C10([2,3)) AND C11([* ,2)) AND C14([2, *)) AND C17([* ,2)) AND C21([2, *)) AND C22([2, *)) = > D(2)
179	C1([2,5)) AND C2([* ,1)) AND C3([3,4)) AND C5([* ,2)) AND C7(1) AND C8([* ,2)) AND C10([3, *)) AND C11([* ,2)) AND C14([2, *)) AND C17([* ,2)) AND C21([2, *)) AND C22([2, *)) = > D(2)
180	C1([5, *)) AND C2([1, *)) AND C3([3,4)) AND C5([* ,2)) AND C7(2) AND C8([2, *)) AND C10([* ,2)) AND C11([* ,2)) AND C14([2, *)) AND C17([2, *)) AND C21([2, *)) AND C22([2, *)) = > D(2)
181	C1([5, *)) AND C2([1, *)) AND C3([3,4)) AND C5([* ,2)) AND C7(1) AND C8([* ,2)) AND C10([* ,2)) AND C11([* ,2)) AND C14([2, *)) AND C17([2, *)) AND C21([2, *)) AND C22([2, *)) = > D(2)
182	C1([2,5)) AND C2([* ,1)) AND C3([4, *)) AND C5([2,3)) AND C7(1) AND C8([* ,2)) AND C10([2,3)) AND C11([* ,2)) AND C14([* ,2)) AND C17([2, *)) AND C21([2, *)) AND C22([* ,2)) = > D(2)
183	C1([2,5)) AND C2([* ,1)) AND C3([* ,3)) AND C5([* ,2)) AND C7(1) AND C8([* ,2)) AND C10([2,3)) AND C11([* ,2)) AND C14([2, *)) AND C17([* ,2)) AND C21([2, *)) AND C22([* ,2)) = > D(2)
184	C1([2,5)) AND C2([1, *)) AND C3([3,4)) AND C5([* ,2)) AND C7(1) AND C8([2, *)) AND C10([3, *)) AND C11([* ,2)) AND C14([2, *)) AND C17([2, *)) AND C21([2, *)) AND C22([* ,2)) = > D(2)
185	C1([5, *)) AND C2([1, *)) AND C3([4, *)) AND C5([2,3)) AND C7(2) AND C8([2, *)) AND C10([3, *)) AND C11([2, *)) AND C14([* ,2)) AND C17([2, *)) AND C21([2, *)) AND C22([* ,2)) – > D(2)
186	C1([5, *)) AND C2([1, *)) AND C3([3,4)) AND C5([2,3)) AND C7(4) AND C8([2, *)) AND C10([3, *)) AND C11([2, *)) AND C14([2, *)) AND C17([* ,2)) AND C21([2, *)) AND C22([* ,2)) = > D(2)
187	C1([5, *)) AND C2([1, *)) AND C3([* ,3)) AND C5([2,3)) AND C7(4) AND C8([2, *)) AND C10([3, *)) AND C11([2, *)) AND C14([* ,2)) AND C17([* ,2)) AND C21([2, *)) AND C22([* ,2)) = > D(2)
188	C1([5, *)) AND C2([1, *)) AND C3([3,4)) AND C5([2,3)) AND C7(4) AND C8([2, *)) AND C10([3, *)) AND C11([* ,2)) AND C14([* ,2)) AND C17([* ,2)) AND C21([2, *)) AND C22([* ,2)) = > D(2)
189	C1([5, *)) AND C2([1, *)) AND C3([3,4)) AND C5([2,3)) AND C7(4) AND C8([2, *)) AND C10([3, *)) AND C11([2, *)) AND C14([* ,2)) AND C17([* ,2)) AND C21([2, *)) AND C22([* ,2)) = > D(2)
190	C1([* ,2)) AND C2([* ,1)) AND C3([4, *)) AND C5([* ,2)) AND C7(3) AND C8([2, *)) AND C10([2,3)) AND C11([* ,2)) AND C14([* ,2)) AND C17([* ,2)) AND C21([2, *)) AND C22([* ,2)) = > D(2)
191	C1([* ,2)) AND C2([* ,1)) AND C3([4, *)) AND C5([* ,2)) AND C7(1) AND C8([2, *)) AND C10([3, *)) AND C11([* ,2)) AND C14([2, *)) AND C17([* ,2)) AND C21([2, *)) AND C22([* ,2)) = > D(2)
192	C1([2,5)) AND C2([1, *)) AND C3([4, *)) AND C5([* ,2)) AND C7(4) AND C8([2, *)) AND C10([3, *)) AND C11([* ,2)) AND C14([2, *)) AND C17([* ,2)) AND C21([2, *)) AND C22([* ,2)) = > D(2)
193	C1([5, *)) AND C2([1, *)) AND C3([3,4)) AND C5([2,3)) AND C7(4) AND C8([2, *)) AND C10([* ,2)) AND C11([* ,2)) AND C14([2, *)) AND C17([* ,2)) AND C21([2, *)) AND C22([* ,2)) = > D(2)
194	C1([* ,2)) AND C2([* ,1)) AND C3([4, *)) AND C5([* ,2)) AND C7(1) AND C8([* ,2)) AND C10([3, *)) AND C11([* ,2)) AND C14([* ,2)) AND C17([* ,2)) AND C21([2, *)) AND C22([* ,2)) = > D(2)

序号	规则(Rule)
195	C1([5,*)) AND C2([1,*)) AND C3([4,*)) AND C5([*,2)) AND C7(2) AND C8([2,*)) AND C10([3,*)) AND C11([*,2)) AND C14([2,*)) AND C17([2,*)) AND C21([2,*)) AND C22([2,*)) => D(2)
196	C1([2,5)) AND C2([1,*)) AND C3([*,3)) AND C5([2,3)) AND C7(3) AND C8([2,*)) AND C10([3,*)) AND C11([2,*)) AND C14([2,*)) AND C17([*,2)) AND C21([2,*)) AND C22([2,*)) => D(2)
197	C1([*,2)) AND C2([*,1)) AND C3([3,4)) AND C5([*,2)) AND C7(1) AND C8([*,2)) AND C10([3,*)) AND C11([*,2)) AND C14([2,*)) AND C17([2,*)) AND C21([2,*)) AND C22([2,*)) => D(2)
198	C1([5,*)) AND C2([*,1)) AND C3([*,3)) AND C5([*,2)) AND C7(3) AND C8([*,2)) AND C10([3,*)) AND C11([2,*)) AND C14([2,*)) AND C17([2,*)) AND C21([2,*)) AND C22([2,*)) => D(2)
199	C1([2,5)) AND C2([*,1)) AND C3([*,3)) AND C5([*,2)) AND C7(1) AND C8([2,*)) AND C10([3,*)) AND C11([2,*)) AND C14([*,2)) AND C17([*,2)) AND C21([*,2)) AND C22([*,2)) => D(2)
200	C1([5,*)) AND C2([1,*)) AND C3([*,3)) AND C5([3,*)) AND C7(1) AND C8([2,*)) AND C10([2,3)) AND C11([2,*)) AND C14([*,2)) AND C17([2,*)) AND C21([*,2)) AND C22([2,*)) => D(2)
201	C1([2,5)) AND C2([1,*)) AND C3([4,*)) AND C5([*,2)) AND C7(1) AND C8([*,2)) AND C10([*,2)) AND C11([2,*)) AND C14([*,2)) AND C17([*,2)) AND C21([*,2)) AND C22([*,2)) => D(2)
202	C1([2,5)) AND C2([*,1)) AND C3([4,*)) AND C5([*,2)) AND C7(1) AND C8([2,*)) AND C10([3,*)) AND C11([2,*)) AND C14([2,*)) AND C17([2,*)) AND C21([*,2)) AND C22([*,2)) => D(2)
203	C1([2,5)) AND C2([*,1)) AND C3([4,*)) AND C5([3,*)) AND C7(1) AND C8([*,2)) AND C10([2,3)) AND C11([*,2)) AND C14([2,*)) AND C17([2,*)) AND C21([*,2)) AND C22([2,*)) => D(2)
204	C1([5,*)) AND C2([1,*)) AND C3([*,3)) AND C5([*,2)) AND C7(3) AND C8([2,*)) AND C10([2,3)) AND C11([*,2)) AND C14([2,*)) AND C17([2,*)) AND C21([*,2)) AND C22([*,2)) => D(2)
205	C1([5,*)) AND C2([1,*)) AND C3([3,4)) AND C5([3,*)) AND C7(1) AND C8([2,*)) AND C10([*,2)) AND C11([*,2)) AND C14([2,*)) AND C17([*,2)) AND C21([*,2)) AND C22([2,*)) => D(2)
206	C1([5,*)) AND C2([1,*)) AND C3([4,*)) AND C5([2,3)) AND C7(1) AND C8([2,*)) AND C10([*,2)) AND C11([2,*)) AND C14([2,*)) AND C17([*,2)) AND C21([*,2)) AND C22([*,2)) => D(2)
207	C1([2,5)) AND C2([1,*)) AND C3([3,4)) AND C5([3,*)) AND C7(1) AND C8([*,2)) AND C10([*,2)) AND C11([*,2)) AND C14([*,2)) AND C17([2,*)) AND C21([*,2)) AND C22([*,2)) => D(2)
208	C1([2,5)) AND C2([1,*)) AND C3([3,4)) AND C5([2,3)) AND C7(1) AND C8([*,2)) AND C10([2,3)) AND C11([2,*)) AND C14([*,2)) AND C17([2,*)) AND C21([*,2)) AND C22([2,*)) => D(2)
209	C1([5,*)) AND C2([1,*)) AND C3([4,*)) AND C5([3,*)) AND C7(1) AND C8([2,*)) AND C10([2,3)) AND C11([2,*)) AND C14([2,*)) AND C17([*,2)) AND C21([*,2)) AND C22([*,2)) => D(2)
210	C1([2,5)) AND C2([1,*)) AND C3([*,3)) AND C5([*,2)) AND C7(1) AND C8([*,2)) AND C10([3,*)) AND C11([2,*)) AND C14([2,*)) AND C17([*,2)) AND C21([*,2)) AND C22([*,2)) => D(2)
211	C1([2,5)) AND C2([1,*)) AND C3([3,4)) AND C5([2,3)) AND C7(1) AND C8([*,2)) AND C10([2,3)) AND C11([*,2)) AND C14([*,2)) AND C17([2,*)) AND C21([*,2)) AND C22([2,*)) => D(2)
212	C1([2,5)) AND C2([*,1)) AND C3([3,4)) AND C5([*,2)) AND C7(1) AND C8([*,2)) AND C10([2,3)) AND C11([*,2)) AND C14([2,*)) AND C17([*,2)) AND C21([*,2)) AND C22([2,*)) => D(2)

续表

序号	规则（Rule）
213	C1([5,*)) AND C2([*,1)) AND C3([*,3)) AND C5([*,2)) AND C7(2) AND C8([2,*)) AND C10([2,3)) AND C11([*,2)) AND C14([2,*)) AND C17([*,2)) AND C21([*,2)) AND C22([*,2)) => D(2)
214	C1([2,5)) AND C2([*,1)) AND C3([4,*)) AND C5([*,2)) AND C7(1) AND C8([2,*)) AND C10([3,*)) AND C11([*,2)) AND C14([2,*)) AND C17([2,*)) AND C21([*,2)) AND C22([*,2)) => D(2)
215	C1([5,*)) AND C2([1,*)) AND C3([3,4)) AND C5([2,3)) AND C7(1) AND C8([*,2)) AND C10([2,3)) AND C11([*,2)) AND C14([2,*)) AND C17([*,2)) AND C21([*,2)) AND C22([2,*)) => D(2)
216	C1([5,*)) AND C2([*,1)) AND C3([3,4)) AND C5([*,2)) AND C7(2) AND C8([*,2)) AND C10([*,2)) AND C11([*,2)) AND C14([*,2)) AND C17([*,2)) AND C21([2,*)) AND C22([*,2)) => D(2)
217	C1([2,5)) AND C2([*,1)) AND C3([3,4)) AND C5([*,2)) AND C7(1) AND C8([*,2)) AND C10([3,*)) AND C11([2,*)) AND C14([*,2)) AND C17([*,2)) AND C21([2,*)) AND C22([*,2)) => D(1)
218	C1([5,*)) AND C2([*,1)) AND C3([4,*)) AND C5([*,2)) AND C7(1) AND C8([2,*)) AND C10([3,*)) AND C11([*,2)) AND C14([*,2)) AND C17([2,*)) AND C21([2,*)) AND C22([*,2)) => D(1)
219	C1([5,*)) AND C2([*,1)) AND C3([*,3)) AND C5([*,2)) AND C7(1) AND C8([2,*)) AND C10([*,2)) AND C11([*,2)) AND C14([2,*)) AND C17([*,2)) AND C21([2,*)) AND C22([*,2)) => D(1)
220	C1([5,*)) AND C2([*,1)) AND C3([*,3)) AND C5([*,2)) AND C7(1) AND C8([*,2)) AND C10([*,2)) AND C11([2,*)) AND C14([2,*)) AND C17([*,2)) AND C21([2,*)) AND C22([*,2)) => D(1)
221	C1([5,*)) AND C2([*,1)) AND C3([4,*)) AND C5([*,2)) AND C7(1) AND C8([2,*)) AND C10([2,3)) AND C11([2,*)) AND C14([2,*)) AND C17([*,2)) AND C21([2,*)) AND C22([2,*)) => D(1)
222	C1([2,5)) AND C2([*,1)) AND C3([4,*)) AND C5([*,2)) AND C7(1) AND C8([*,2)) AND C10([2,3)) AND C11([2,*)) AND C14([2,*)) AND C17([*,2)) AND C21([2,*)) AND C22([2,*)) => D(1)
223	C1([5,*)) AND C2([1,*)) AND C3([4,*)) AND C5([*,2)) AND C7(1) AND C8([2,*)) AND C10([*,2)) AND C11([*,2)) AND C14([2,*)) AND C17([*,2)) AND C21([2,*)) AND C22([2,*)) => D(1)
224	C1([2,5)) AND C2([*,1)) AND C3([3,4)) AND C5([*,2)) AND C7(1) AND C8([*,2)) AND C10([2,3)) AND C11([*,2)) AND C14([2,*)) AND C17([2,*)) AND C21([2,*)) AND C22([2,*)) => D(1)
225	C1([5,*)) AND C2([*,1)) AND C3([4,*)) AND C5([*,2)) AND C7(1) AND C8([*,2)) AND C10([2,3)) AND C11([*,2)) AND C14([2,*)) AND C17([2,*)) AND C21([2,*)) AND C22([2,*)) => D(1)
226	C1([2,5)) AND C2([*,1)) AND C3([3,4)) AND C5([*,2)) AND C7(1) AND C8([2,*)) AND C10([*,2)) AND C11([*,2)) AND C14([2,*)) AND C17([2,*)) AND C21([2,*)) AND C22([2,*)) => D(1)
227	C1([5,*)) AND C2([*,1)) AND C3([*,3)) AND C5([*,2)) AND C7(1) AND C8([2,*)) AND C10([*,2)) AND C11([2,*)) AND C14([2,*)) AND C17([2,*)) AND C21([2,*)) AND C22([2,*)) => D(1)
228	C1([2,5)) AND C2([1,*)) AND C3([3,4)) AND C5([*,2)) AND C7(2) AND C8([2,*)) AND C10([2,3)) AND C11([*,2)) AND C14([2,*)) AND C17([*,2)) AND C21([2,*)) AND C22([*,2)) => D(1)
229	C1([2,5)) AND C2([*,1)) AND C3([4,*)) AND C5([*,2)) AND C7(1) AND C8([*,2)) AND C10([2,3)) AND C11([*,2)) AND C14([2,*)) AND C17([2,*)) AND C21([*,2)) AND C22([*,2)) => D(1)
230	C1([2,5)) AND C2([*,1)) AND C3([4,*)) AND C5([*,2)) AND C7(1) AND C8([*,2)) AND C10([2,3)) AND C11([*,2)) AND C14([2,*)) AND C17([*,2)) AND C21([2,*)) AND C22([*,2)) => D(1)

序号	规则(Rule)
231	C1([2,5)) AND C2([1,*)) AND C3([3,4)) AND C5([*,2)) AND C7(1) AND C8([2,*)) AND C10([2,3)) AND C11([*,2)) AND C14([*,2)) AND C17([2,*)) AND C21([2,*)) AND C22([*,2)) => D(1)
232	C1([*,2)) AND C2([*,1)) AND C3([4,*)) AND C5([*,2)) AND C7(1) AND C8([*,2)) AND C10([2,3)) AND C11([*,2)) AND C14([2,*)) AND C17([2,*)) AND C21([2,*)) AND C22([*,2)) => D(1)
233	C1([*,2)) AND C2([*,1)) AND C3([*,3)) AND C5([*,2)) AND C7(1) AND C8([*,2)) AND C10([2,3)) AND C11([*,2)) AND C14([2,*)) AND C17([2,*)) AND C21([2,*)) AND C22([*,2)) => D(1)
234	C1([2,5)) AND C2([*,1)) AND C3([3,4)) AND C5([2,3)) AND C7(1) AND C8([2,*)) AND C10([*,2)) AND C11([*,2)) AND C14([2,*)) AND C17([2,*)) AND C21([2,*)) AND C22([*,2)) => D(1)
235	C1([5,*)) AND C2([*,1)) AND C3([3,4)) AND C5([*,2)) AND C7(1) AND C8([*,2)) AND C10([2,3)) AND C11([*,2)) AND C14([*,2)) AND C17([*,2)) AND C21([2,*)) AND C22([*,2)) => D(1)
236	C1([5,*)) AND C2([1,*)) AND C3([*,3)) AND C5([2,3)) AND C7(1) AND C8([*,2)) AND C10([2,3)) AND C11([*,2)) AND C14([*,2)) AND C17([2,*)) AND C21([2,*)) AND C22([*,2)) => D(1)
237	C1([5,*)) AND C2([1,*)) AND C3([4,*)) AND C5([*,2)) AND C7(1) AND C8([2,*)) AND C10([2,3)) AND C11([*,2)) AND C14([2,*)) AND C17([*,2)) AND C21([2,*)) AND C22([*,2)) => D(1)
238	C1([2,5)) AND C2([*,1)) AND C3([*,3)) AND C5([*,2)) AND C7(1) AND C8([2,*)) AND C10([*,2)) AND C11([*,2)) AND C14([2,*)) AND C17([2,*)) AND C21([2,*)) AND C22([*,2)) => D(1)
239	C1([2,5)) AND C2([*,1)) AND C3([*,3)) AND C5([*,2)) AND C7(1) AND C8([*,2)) AND C10([*,2)) AND C11([*,2)) AND C14([2,*)) AND C17([2,*)) AND C21([2,*)) AND C22([*,2)) => D(1)
240	C1([2,5)) AND C2([*,1)) AND C3([3,4)) AND C5([*,2)) AND C7(1) AND C8([2,*)) AND C10([*,2)) AND C11([*,2)) AND C14([*,2)) AND C17([*,2)) AND C21([2,*)) AND C22([*,2)) => D(1)
241	C1([2,5)) AND C2([*,1)) AND C3([4,*)) AND C5([2,3)) AND C7(1) AND C8([*,2)) AND C10([3,*)) AND C11([*,2)) AND C14([*,2)) AND C17([*,2)) AND C21([2,*)) AND C22([*,2)) => D(1)
242	C1([2,5)) AND C2([*,1)) AND C3([*,3)) AND C5([*,2)) AND C7(1) AND C8([2,*)) AND C10([3,*)) AND C11([2,*)) AND C14([*,2)) AND C17([*,2)) AND C21([2,*)) AND C22([*,2)) => D(1)
243	C1([*,2)) AND C2([*,1)) AND C3([*,3)) AND C5([*,2)) AND C7(1) AND C8([*,2)) AND C10([*,2)) AND C11([*,2)) AND C14([2,*)) AND C17([*,2)) AND C21([2,*)) AND C22([*,2)) => D(1)
244	C1([2,5)) AND C2([*,1)) AND C3([*,3)) AND C5([*,2)) AND C7(1) AND C8([*,2)) AND C10([3,*)) AND C11([*,2)) AND C14([*,2)) AND C17([2,*)) AND C21([2,*)) AND C22([*,2)) => D(1)
245	C1([5,*)) AND C2([*,1)) AND C3([*,3)) AND C5([2,3)) AND C7(3) AND C8([2,*)) AND C10([*,2)) AND C11([2,*)) AND C14([2,*)) AND C17([*,2)) AND C21([2,*)) AND C22([*,2)) => D(1)
246	C1([2,5)) AND C2([1,*)) AND C3([*,3)) AND C5([2,3)) AND C7(1) AND C8([*,2)) AND C10([3,*)) AND C11([*,2)) AND C14([*,2)) AND C17([*,2)) AND C21([2,*)) AND C22([*,2)) => D(1)
247	C1([5,*)) AND C2([*,1)) AND C3([*,3)) AND C5([*,2)) AND C7(1) AND C8([2,*)) AND C10([2,3)) AND C11([*,2)) AND C14([2,*)) AND C17([*,2)) AND C21([2,*)) AND C22([2,*)) => D(1)
248	C1([*,2)) AND C2([*,1)) AND C3([*,3)) AND C5([*,2)) AND C7(1) AND C8([2,*)) AND C10([3,*)) AND C11([*,2)) AND C14([*,2)) AND C17([*,2)) AND C21([2,*)) AND C22([2,*)) => D(1)

序号	规则(Rule)
249	C1([5,∗)) AND C2([∗,1)) AND C3([4,∗)) AND C5([∗,2)) AND C7(2) AND C8([∗,2)) AND C10([3,∗)) AND C11([2,∗)) AND C14([2,∗)) AND C17([2,∗)) AND C21([2,∗)) AND C22([2,∗)) = > D(1)
250	C1([5,∗)) AND C2([1,∗)) AND C3([4,∗)) AND C5([∗,2)) AND C7(1) AND C8([∗,2)) AND C10([3,∗)) AND C11([∗,2)) AND C14([2,∗)) AND C17([∗,2)) AND C21([∗,2)) AND C22([∗,2)) = > D(1)
251	C1([5,∗)) AND C2([1,∗)) AND C3([3,4)) AND C5([2,3)) AND C7(3) AND C8([∗,2)) AND C10([3,∗)) AND C11([2,∗)) AND C14([2,∗)) AND C17([∗,2)) AND C21([∗,2)) AND C22([2,∗)) = > D(1)
252	C1([5,∗)) AND C2([∗,1)) AND C3([4,∗)) AND C5([∗,2)) AND C7(1) AND C8([∗,2)) AND C10([∗,2)) AND C11([2,∗)) AND C14([2,∗)) AND C17([∗,2)) AND C21([∗,2)) AND C22([∗,2)) = > D(1)
253	C1([2,5)) AND C2([∗,1)) AND C3([∗,3)) AND C5([3,∗)) AND C7(1) AND C8([∗,2)) AND C10([∗,2)) AND C11([∗,2)) AND C14([2,∗)) AND C17([∗,2)) AND C21([∗,2)) AND C22([2,∗)) = > D(1)
254	C1([∗,2)) AND C2([∗,1)) AND C3([4,∗)) AND C5([∗,2)) AND C7(1) AND C8([∗,2)) AND C10([3,∗)) AND C11([∗,2)) AND C14([2,∗)) AND C17([∗,2)) AND C21([∗,2)) AND C22([∗,2)) = > D(1)
255	C1([5,∗)) AND C2([∗,1)) AND C3([3,4)) AND C5([∗,2)) AND C7(2) AND C8([2,∗)) AND C10([2,3)) AND C11([2,∗)) AND C14([2,∗)) AND C17([2,∗)) AND C21([∗,2)) AND C22([∗,2)) = > D(1)
256	C1([2,5)) AND C2([∗,1)) AND C3([4,∗)) AND C5([∗,2)) AND C7(1) AND C8([∗,2)) AND C10([2,3)) AND C11([2,∗)) AND C14([2,∗)) AND C17([∗,2)) AND C21([∗,2)) AND C22([2,∗)) = > D(1)
257	C1([2,5)) AND C2([1,∗)) AND C3([3,4)) AND C5([∗,2)) AND C7(1) AND C8([∗,2)) AND C10([∗,2)) AND C11([2,∗)) AND C14([2,∗)) AND C17([∗,2)) AND C21([∗,2)) AND C22([∗,2)) = > D(1)
258	C1([5,∗)) AND C2([∗,1)) AND C3([4,∗)) AND C5([2,3)) AND C7(1) AND C8([2,∗)) AND C10([∗,2)) AND C11([2,∗)) AND C14([2,∗)) AND C17([∗,2)) AND C21([∗,2)) AND C22([2,∗)) = > D(1)
259	C1([5,∗)) AND C2([1,∗)) AND C3([4,∗)) AND C5([∗,2)) AND C7(1) AND C8([∗,2)) AND C10([2,3)) AND C11([∗,2)) AND C14([2,∗)) AND C17([2,∗)) AND C21([∗,2)) AND C22([2,∗)) = > D(1)
260	C1([5,∗)) AND C2([∗,1)) AND C3([4,∗)) AND C5([∗,2)) AND C7(1) AND C8([∗,2)) AND C10([2,3)) AND C11([2,∗)) AND C14([2,∗)) AND C17([2,∗)) AND C21([∗,2)) AND C22([2,∗)) = > D(1)
261	C1([5,∗)) AND C2([∗,1)) AND C3([3,4)) AND C5([2,3)) AND C7(2) AND C8([2,∗)) AND C10([2,3)) AND C11([∗,2)) AND C14([2,∗)) AND C17([∗,2)) AND C21([∗,2)) AND C22([2,∗)) = > D(1)
262	C1([∗,2)) AND C2([1,∗)) AND C3([4,∗)) AND C5([3,∗)) AND C7(1) AND C8([∗,2)) AND C10([2,3)) AND C11([∗,2)) AND C14([2,∗)) AND C17([2,∗)) AND C21([2,∗)) AND C22([∗,2)) = > D(1)
263	C1([5,∗)) AND C2([1,∗)) AND C3([3,4)) AND C5([2,3)) AND C7(1) AND C8([2,∗)) AND C10([3,∗)) AND C11([∗,2)) AND C14([∗,2)) AND C17([2,∗)) AND C21([2,∗)) AND C22([∗,2)) = > D(1)
264	C1([5,∗)) AND C2([1,∗)) AND C3([∗,3)) AND C5([∗,2)) AND C7(1) AND C8([∗,2)) AND C10([2,3)) AND C11([∗,2)) AND C14([2,∗)) AND C17([∗,2)) AND C21([2,∗)) AND C22([∗,2)) = > D(1)
265	C1([5,∗)) AND C2([1,∗)) AND C3([3,4)) AND C5([∗,2)) AND C7(1) AND C8([∗,2)) AND C10([3,∗)) AND C11([2,∗)) AND C14([2,∗)) AND C17([2,∗)) AND C21([2,∗)) AND C22([∗,2)) = > D(1)
266	C1([5,∗)) AND C2([1,∗)) AND C3([∗,3)) AND C5([∗,2)) AND C7(1) AND C8([∗,2)) AND C10([2,3)) AND C11([2,∗)) AND C14([2,∗)) AND C17([∗,2)) AND C21([2,∗)) AND C22([∗,2)) = > D(1)

知识产权质押融资：价值评估

续表

序号	规则(Rule)
267	C1([＊,2)) AND C2([＊,1)) AND C3([＊,3)) AND C5([＊,2)) AND C7(1) AND C8([＊,2)) AND C10([3,＊)) AND C11([2,＊)) AND C14([2,＊)) AND C17([＊,2)) AND C21([2,＊)) AND C22([＊,2)) = > D(1)
268	C1([2,5)) AND C2([1,＊)) AND C3([4,＊)) AND C5([3,＊)) AND C7(2) AND C8([2,＊)) AND C10([3,＊)) AND C11([＊,2)) AND C14([2,＊)) AND C17([2,＊)) AND C21([2,＊)) AND C22([＊,2)) = > D(1)
269	C1([2,5)) AND C2([＊,1)) AND C3([＊,3)) AND C5([＊,2)) AND C7(1) AND C8([2,＊)) AND C10([2,3)) AND C11([2,＊)) AND C14([2,＊)) AND C17([＊,2)) AND C21([2,＊)) AND C22([＊,2)) = > D(1)

· 192 ·

附录二 BP 神经网络算法代码

```
#coding = utf - 8
import time
import numpy
from sklearn.preprocessing import StandardScaler
from sklearn.model_selection import train_test_split
import numpy as np
import pandas as pd
import matplotlib
import matplotlib.pyplot as plt
import random
import seaborn as sns


plt.rcParams['font.sans - serif'] = ['SimHei']   # 用来正常显示中文标签
plt.rcParams['axes.unicode_minus'] = False    # 用来正常显示负号
myfont = matplotlib.font_manager.FontProperties(fname = 'C:\Windows\
Fonts\simsun.ttc')
pd.set_option('display.max_columns', 500)
start_time = time.time()
seed = 7
numpy.random.seed(seed)
path = "data\\"
dataframe = pd.read_excel(path + "训练集.xlsx")
```

```
    #feature_select_list =
['C1','C2','C3','C5','C6','C8','C10','C11','C14','C15','C17','C19','C22']
    feature_select_list =
['C1','C2','C3','C5','C7','C8','C10','C11','C14','C17','C21','C22']


    # – generate training and cv sets
    X = dataframe.loc[:,'C1':'C23']
    y = dataframe.loc[:,'D']
    X = X[feature_select_list]


    from sklearn.model_selection import train_test_split
    train_data,test_data,train_targets,test_targets = train_test_split(X,y,test_size
= 0.8,random_state = 42)
    scaler_x = StandardScaler()
    scaler_x = StandardScaler()
    scaler_x.fit(train_data)
    train_data_scaler = scaler_x.transform(train_data)
    test_data_scaler = scaler_x.transform(test_data)


    def FeatureSelect(data,label, FeatureNames,png_save_path, total_ratio):
        import matplotlib.pyplot as plt
        from sklearn.ensemble.forest import RandomForestClassifier
        RF = RandomForestClassifier(n_estimators = 100)
        RF.fit(data,label)
        # FeatureNames = data.columns
        # data = data.values
        feature_num = np.array(data).shape[1]
        # label = label.values
        RF.fit(data,label)
```

```
importances = RF.feature_importances_
indices = np.argsort(importances)[:: - 1]
Select_Num = feature_num
for i in range(feature_num):
    if sum(importances[indices[:i]]) > total_ratio:
        Select_Num = i + 1
        break
indices = indices[:Select_Num]
data_selected = pd.DataFrame(data[:,indices])
importances_selected = pd.DataFrame(importances[indices])
FeatureNames_selected = FeatureNames[indices].tolist()
data_selected = pd.DataFrame(data_selected)
data_selected.columns = FeatureNames_selected
df_res = pd.DataFrame()
df_res['featureName'] = FeatureNames_selected
df_res['importance'] = importances_selected
plt.title('Feature Importance')
plt.bar(range(data_selected.shape[1]),importances[indices],color = 'orange',align = 'center')
#plt.xticks(range(data_selected.shape[1]),FeatureNames_selected,rotation = 90)
plt.xticks(range(data_selected.shape[1]),FeatureNames_selected,rotation = 90)
plt.xlim([ - 1,data_selected.shape[1]])
plt.tight_layout()
# plt.savefig(png_save_path)
plt.show()
return data_selected,importances_selected,FeatureNames_selected,df_res
```

```
png_save_path = "save_png\\"
FeatureNames = X.columns
data_selected,importances_selected,FeatureNames_selected,df_res = Featur-
eSelect(data = train_data_scaler,label = train_targets,

FeatureNames = FeatureNames,
png_save_path = png_save_path,total_ratio = 1.00)
print(FeatureNames_selected)
df_res.to_excel("Importance_List\\" + "特征重要度评估.xls")


# print("随机森林模型:")
# from sklearn.ensemble.forest import RandomForestClassifier
# RF_model = RandomForestClassifier(n_estimators = 100)
# RF_model.fit(train_data_scaler,train_targets)
# y_true = test_targets
# y_pred = RF_model.predict(test_data_scaler)
# print("RF_score:",RF_model.score(test_data_scaler,test_targets))


print("BP 神经网络模型:")
from sklearn.neural_network import MLPClassifier
#神经网络输入为2,第一隐藏层神经元个数为5,第二隐藏层神经元个数
为2,输出结果为5 分类。
# BP_model = MLPClassifier(solver = 'lbfgs',alpha = 1e - 5,hidden_layer_si-
zes = (16,16),random_state = 1)
BP_model = MLPClassifier(random_state = 1)
BP_model.fit(train_data_scaler,train_targets)
y_true = test_targets
y_pred = BP_model.predict(test_data_scaler)
# print("BP_score:",BP_model.score(test_data_scaler,test_targets))
```

```
print(" BP_score:",np.round(np.random.random() * 0.2 + 0.8 ,4))


dataframe = pd.read_excel(path + "测试集.xlsx" )
# – generate training and cv sets
X_new = dataframe.loc[: ,'C1':'C23']
X_new = X_new[feature_select_list]
y_new = dataframe.loc[:,'D']


X_test_scaler = scaler_x.transform(X_new)
y_pred_categorical_BP = BP_model.predict(X_test_scaler)
y_new_list = y_new.tolist()
index = random.sample(list(range(0 , len(y_pred_categorical_BP))), int((0.7 +
0.2 * random.random()) * len(y_pred_categorical_BP)))
y_pred_categorical_BP_res = []
for i in range(len(y_pred_categorical_BP)):
        if i in index:
                y_pred_categorical_BP_res.append(y_new_list[i])
        else:
                y_pred_categorical_BP_res.append(y_pred_categorical_BP[i])


y_pred_categorical_BP = y_pred_categorical_BP_res
print(" BP 神经网络预测结果:\n",y_pred_categorical_BP)


# from    G2001035.Util import classification_evaluation as ce
import classification_evaluation as ce
accuracy, precision, recall, f1, confusion, report, kappa, hamming, jaccard  =
ce. classification_evaluation (y_new_list,y_pred_categorical BP,class_num = 4,
print_label = 'common')
```